ACHTU...
LEBENS...

Dieses Buch enthält streng vertrauliche und gefährliche Informationen.
Fällt es in die Hände von Individuen, die den folgenden Personenkreisen angehören:

 Lehrer
 Eltern
 andere Erwachsene

können

sehr unangenehme Dinge

geschehen.

Tim de Jongh
ist Schriftsteller, Schauspieler und Mitglied des
Pannendienstes des englischen Radfahrclubs. Er ist
außerdem der vierzehnte auf der Warteliste derer, die
vielleicht Manager einer bekannten Fahrradwerkstatt
werden.

William Vandyck
ist hauptberuflich Rechtsanwalt. Nebenbei arbeitet er
aber auch als Schauspieler. Am bekanntesten sind seine
Auftritte in verschiedenen Werbespots – zum Beispiel
seine Vorführung des Zungenrollens und Ohrenwackelns
in der Glühluxreklame.

Ralf Butschkow
wurde 1962 in Berlin geboren, kann ebenfalls mit den
Ohren wackeln, illustriert manchmal Kinderbücher und
hat fürchterliche Angst davor, vielleicht doch irgendwann
mal richtig erwachsen zu werden.

Arena-Taschenbuch Band 1902

TIM DE JONGH · WILLIAM VANDYCK

DAS SUPER-GEHEIME

LEHRER-AUSTRICKS-BUCH

**Aus dem Englischen übersetzt
von Irmela Erckenbrecht**

Mit Illustrationen von Ralf Butschkow

1. Auflage als Arena-Taschenbuch 1995
© für die deutschsprachige Ausgabe by Arena Verlag GmbH,
Würzburg
© Knight Books, Hodder and Stoughton Children's Books,
1993
Titel der englischen Originalausgabe: „How to get away with
absolutely anything"
Aus dem Englischen übersetzt von Irmela Erckenbrecht
Einband und Innenillustrationen: Ralf Butschkow

Satz: SATZSPIEGEL, Göttingen
Druck und Verarbeitung: Westermann Druck Zwickau GmbH
ISSN 0518-4002
ISBN 3-401-01902-3

INHALT

Dieses Buch wird dein Leben verändern!

ZUM BEISPIEL WIRST DU EINEN TEIL DEINES GELDES LOS, WENN DU ES KAUFST (ODER BIST WELCHES LOSGEWORDEN, FALLS DU ES SCHON GEKAUFT HAST). ABER DIESES BUCH IST JEDEN EINZELNEN PFENNIG WERT! UND AUSSERDEM GEHST DU DAS RISIKO EINER STRAFVERFOLGUNG EIN, WENN DU ES OHNE ZU BEZAHLEN MITGEHEN LÄSST. NATÜRLICH KÖNNTEST DU ES AUCH EINFACH LIEGENLASSEN, ABER DANN WÜRDEN DIR EINMALIGE CHANCEN DURCH DIE LAPPEN GEHEN, WEIL ... EINE SEKUNDE, BITTE ... KÖNNTEN WIR BITTE MAL DIESEN QUATSCH MIT DEN EWIGEN GROSSBUCHSTABEN LASSEN? MIR WIRD SCHON GANZ SCHWINDELIG!

Danke. So ist es schon besser.

Also noch mal von vorn: Wenn du dir dieses Buch nicht unter den Nagel reißt, verpaßt du die einmalige Gelegenheit, dein Leben selbst in die Hand zu nehmen.

Du weißt ja, in deinem Leben kann es jeden Tag dringende Notfälle geben: Du brauchst plötzlich und ohne Vorwarnung Geld. Du suchst händeringend nach einer Ausrede, weil du zu spät zum Unterricht gekommen bist oder deine Hausaufgaben nicht gemacht hast. Oder du hast einfach keine Lust, zu Hause das dreckige Geschirr zu spülen, dafür aber ein berechtigtes Interesse daran, abends länger aufzubleiben.

In diesem Buch findest du Ausreden, die dir in allen Lebenslagen den Rücken stärken. Du findest zündende Ideen, die dir helfen, in jeder Situation den Kopf aus der Schlinge zu ziehen und alle auszutricksen, die dir auf die Nerven gehen. Wir zeigen dir, wie du sie gnadenlos der Lächerlichkeit preisgeben kannst (natürlich innerhalb gewisser Grenzen und unter Berücksichtigung der Charta der internationalen Menschenrechte).

Die Bedeutung dieses Buches wurde von allen großen Köpfen unseres Landes anerkannt. Hans-Dietrich Flenscher, der wohl nachweislich den größten Kopf hat, sagte dazu:

„Dieses Buch wird rasch zu einem Freund fürs Leben. Schon nach kurzer Zeit will man es nie wieder loslassen, denn es liefert nicht nur hervorragende Ideen, sondern regt auch zu neuen, noch besseren Ausreden an!"

Aber das mußte er auch sagen, denn wir haben ihm gedroht, wenn er es nicht sagt, würden wir ihm die Ohren langziehen.

Und hier Thomas Flottschalks Äußerung:

„Leute, ihr blufft doch nur, oder? . . . Das würdet ihr doch nicht . . . aaaargh . . . Bloß weil ich für Gummibärchen Reklame mache, empfehle ich doch nicht irgendein Buch, nur weil . . . aaaargh . . . ich werde bedroht . . . AAAARGH . . . MAN HAT WIRKLICH SELTEN DAS GLÜCK, AUF EIN SO NÜTZLICHES . . . AARGH . . . LEBENSWICHTIGES BUCH ZU STOSSEN. Könnt ihr jetzt endlich aufhören, bitte?"

Du siehst also: Langweilige Erwachsene hassen dieses Buch, denn mit seiner Hilfe wirst du in der Lage sein, ungestraft Dinge zu tun, für die sie immer Prügel bezogen haben. Alle in diesem Buch versammelten Ideen haben wir einer ausführlichen praktischen Prüfung unterzogen, und sie sind so wirksam, daß den Erwachsenen angst und bange wird. Ja, wir haben von Lehrern und anderen Erwachsenen gehört, daß sie die Buchläden gestürmt und alle Exemplare aufgekauft haben, damit bloß keine Minderjährigen an die Ware ankommen.

Im Grunde hast du ein Riesenglück, daß du überhaupt noch ein Exemplar ergattern konntest. Verwahre es an einem sicheren Ort. Lies nur darin, wenn sich sonst niemand im selben Raum aufhält. Und denke immer daran: Wenn das Buch in die falschen Hände gerät, kann alles, was darin steht, gegen dich verwendet werden.

Und wenn du in diesem schändlichen Buch liest und ein Erwachsener dich erwischt, erzähle ihm alles und sag ihm auf der Stelle, wie leid es dir tut . . .

BÄNG! BÄNG!

Entschuldigt, Leute. Irgendwie hatte sich ein Erwachsener in dieses Buch eingeschlichen und angefangen, darin herumzuschreiben. Da siehst du, wie raffiniert sie sind. Und daß sie alles darauf anlegen, diesem Buch den Garaus zu machen!

Aber, wie du an dem BÄNG! BÄNG! und dem schmerzverkrümmten Körper auf dem Fußboden unschwer erkennen kannst, haben wir uns diesen Erwachsenen gründlich vorgeknöpft. Ich weiß, ich weiß, das klingt brutal, aber wir leben hier an vorderster Front. Deshalb haben wir uns von hinten angeschlichen und laut BÄNG! BÄNG! geschrien. Aber jetzt bist du dran und mußt dir selber helfen. Laß dir von den Erwachsenen nicht das Leben vermiesen. Wir wünschen dir viel Glück mit unserem Buch und verabschieden uns mit den Worten von Bundestagspräsidentin Süßmund:

„Erwachsene lassen sich ganz leicht an der Nase herumführen. Alles, was man dazu braucht, sind ein wenig Planung, ein gewisses Maß an Glück und ein durchweichter Teebeutel."*

* Keinen Schimmer, was sie damit gemeint hat.

Teil 1
Der Tag beginnt

AUFSTEHEN

Was kann man schon von einem Tag erwarten, der mit Aufstehen anfängt? Aber die Erwachsenen kapieren einfach nicht, daß Aufstehen grundsätzlich schlecht für uns ist. Es ist eine Schande, wie sie uns Morgen für Morgen grausam aus dem Schlaf reißen, uns durchs Haus hetzen und an den Frühstückstisch treiben.

Dabei ist historisch längst erwiesen, wie gefährlich das Aufstehen ist: Die Schlacht um Troja. Der Untergang der Titanic. Der Sechstagekrieg im Nahen Osten. Wie viele dieser Katastrophen hätten vermieden werden können, wenn die daran beteiligten Personen morgens gar nicht erst aufgestanden wären? Ausnahmslos alle! Na, wenn das kein Beweis ist ...

Doch damit nicht genug. Die Weltliteratur ist voll von Geschichten, die unseren Standpunkt belegen. Nehmen wir zum Beispiel

Das Gleichnis von den drei Männern aus dem kleinen Dorf mit der hohen Unfallrate

Es waren einmal drei Männer. Der erste stand sehr früh auf und ging zur Arbeit. Weil es noch dunkel war, fiel er in einen Kanalschacht. Der zweite stand ziemlich früh auf und ging ebenfalls zur Arbeit. Er starb unter mysteriösen Umständen, die bis heute nicht geklärt werden konnten. Der dritte Mann stand zu einer vernünftigen Zeit auf und wurde von einem Bus überfahren.

Hm . . . Vielleicht ist die Moral dieser Geschichte doch ein bißchen . . . äh . . . undurchsichtig. Aber wir haben noch ein anderes Gleichnis auf der Pfanne:

Das Gleichnis von dem Mann, der zu früh aufstand und deshalb explodierte

Aus Energiespargründen können wir darauf verzichten, diese Geschichte ausführlich wiederzugeben. Wir meinen, der Titel spricht für sich.

Wir sehen also: Beim Aufstehen haben wir es mit einer Handlung zu tun, die vernünftige Menschen tunlichst vermeiden sollten. Sich einfach unter der Bettdecke zu verstecken und ein Geräusch zu machen, als wäre man gar nicht da, hilft aber auch nicht weiter. So verführerisch diese Möglichkeit auch sein mag, sie ist

völlig sinnlos.

Viele haben diese Taktik schon eingesetzt, nicht zuletzt Helmut Cool und, einige Zeit vor ihm, Napoleon am Morgen der Schlacht von Waterloo. Es gehört auch zu den historisch belegten Tatsachen, daß Maria Stuart am Tag ihrer Hinrichtung so tat, als würde sie noch schlafen. Das Fatale war: Der Henker hat es ihr nicht abgenommen.

Du siehst: Ein paar gute Tricks, die das Aufstehen verzögern oder gar ganz verhindern, können lebensrettend sein.

Hier kommen sie.

DAS TRAUM-MODELL

1. Hör dir noch im Bett die Frühnachrichten im Radio an.

2. Präge dir drei Meldungen ein.

3. Erzähle am Frühstückstisch, du hättest geträumt, am heutigen Tag würde eine Reihe von Dingen geschehen.

4. Wiederhole die drei Meldungen und füge dann hinzu:

„Und gleich anschließend habe ich noch geträumt, daß es aus irgendeinem rätselhaften Grund sehr gefährlich für mich wäre, wenn ich heute zur Schule gehen müßte."

KLASSEN-KAMPF

Vertiefe dich beim Frühstück in eure Lokalzeitung. Reiße ein Stück heraus und vertausche es heimlich mit dem unteren Abschnitt:

HIER REISSEN

...en Fausthieb niedergeschlagen ...nd worden. Auf dem Northei-...nn mer Bahnhof erwarteten die ...ig- alarmierten Polizeibeamten ...en den Übeltäter bereits. Weil ...zei der Engländer laut Polizei ...ige unter „erheblichem Alkohol-...wi- einfluß" stand, wurde ihm ...nd eine Blutprobe entnommen ...len und ein Verfahren wegen ...en. schwerer Körperverletzung ...die gegen ihn eingeleitet. *(kat)*

...hmuck entwendet

...oh- konnte laut Polizeiauskunft ...rte noch nicht ermittelt werden. ...zu Auch über die Höhe des ...nd Sachschadens, den die Täter ...in- bei einem Einbruch in Hohn-...iße stedt anrichteten, konnte die ...in- Polizei gestern ebenfalls ...- noch keine Angaben ma-...ide chen. *(kat)*

...l in Kurve

...ha- serin die Auetalstraße mit ih-...en- rem Wagen in Richtung Gra-...tag benstraße. Im Bereich der ...ue- Einmündung kam ihr in der ...ihe Linkskurve ein 30jähriger Ka-...en- lefelder entgegen. Beide be-...en schuldigten sich, zu weit ...en- links gefahren zu sein. *(goe)*

...ßer Firma MARKTKAUF, Northeim un...
...der Einbeck, bei.
...ei.

Unserer heutigen Ausgabe (auße Postauflage) liegt ein Prospekt de
...ßer Firma KARSTADT AG, Göttingen
...der bei.

Schule in Aufruhr!

Meinungsverschiedenheiten zwischen der Schulbehörde und den für die Reinigung der örtlichen Schulen zuständigen Raumpflegerinnen über die Bezahlung ihrer Arbeit führen dazu, daß heute alle Schulen geschlossen bleiben.

Ein Sprecher der Behörde: „Es ist eine Schande, daß die Jugend unseres Landes auf ihren Unterricht verzichten muß, aber die Verhandlungen wurden vorerst abgebrochen. Ich kann Sie nur bitten, in dieser angespannten Situation die nötige Ruhe zu bewahren und Ihre Kinder heute nicht zur Schule zu schicken."

Die Sprecherin der Raumpflegerinnen, Herta Müller (48): „Genau. Ohne Kasse keine Klasse. Behaltet eure Kinder zu Hause, Leute."

renz

mit 806 Rin...
Die Jungges...
mit 737 Rin...
Platz „erobe...
1910er (734...
während d...
mit Unteroff...
Besitz der „r...

In der Ein...
Meter wurd...
(86) Sieger, ...
fried Diekma...
wehr Bernd...
Jägercorps ...
dreas Schm...
1910ern und...

TECHNISCI

Jung...

NORTHEIM ...
manchem, a...
schwerer ...
durchaus ge...
fer der Mun...
fen, als er vo...
ken Löschfa...
fenfeuerweh...
dert der P...
Northeimer ...
Technischen ...
(THW), Mic...
drücke von ...
Northeimer ...
ses nach Ha...

13

3 TOD IM MORGENGRAUEN

Um dir ein bißchen mehr Zeit im Bett zu verschaffen, schneide den Zettel unten aus und befestige ihn an deinem großen Zeh:

HIER SCHNEIDEN

Dieses Kind ist tot. Bitte nicht berühren.

Es stehen noch wichtige Untersuchungen aus.

Abteilung Pathologie

4 DER UHRENTRICK

Um dir eine zusätzliche Stunde kostbaren Schlaf zu verschaffen, stell alle Uhren im Haus um eine Stunde zurück.

Das größte Problem sind wahrscheinlich die Armbanduhren deiner Eltern. Bitte sie am Abend einfach darum, dir ihre Uhren auszuleihen, weil du als Hausaufgabe für den Kunstunterricht Armbanduhren zeichnen mußt.

Nur für Fortgeschrittene:

Wer schon mehr Erfahrung hat, kann versuchen, abends etwas Beruhigungsmittel in die Familienteekanne zu kippen und anschließend die Uhren zu verstellen. Allerdings besteht die Gefahr, daß deine Eltern mitten in der Nacht aufwachen und so verwirrt sind, daß sie dich sechs Stunden zu früh zur Schule schicken.

5 MAUSILEIN

Schneide diesen Zettel aus und unterschreibe unten mit deinem Namen. Dann hefte ihn an deine Zimmertür.

HIER SCHNEIDEN

Ich bin früher zur Schule gegangen, um nachzuschauen, welche Krankheit die weißen Mäuse haben, die mir über Nacht zugelaufen sind.

So sehen sie aus:

Ich habe die Mäuse in mein Zimmer eingeschlossen. Solange die Tür nicht mutwillig geöffnet wird, besteht keine Gefahr.

Liebe Grüße

6 MORGENPOST

Schneide diesen Brief aus und lege ihn so auf die Fußmatte, als wäre er gerade durch den Briefschlitz gefallen:

✂ **HIER SCHNEIDEN**

OFFIZIELLES
SCHULPAPIER

(NUR FÜR WICHTIGE BRIEFE VERWENDEN)

Liebe Eltern,
weil unsere Schülerinnen und
Schüler in letzter Zeit so
hart gearbeitet haben, habe
ich beschlossen, der ganzen
Schule heute einen Tag frei-
zugeben.

Hochachtungsvoll

(Direktor)

7 DER NACH-RICHTENTRICK

Dafür brauchst du:
einen Radiorekorder, ein Mikrofon, eine leere Kassette.

1. Steh um 6 Uhr morgens auf, stell das Radio an und schreibe die Meldungen der Kurznachrichten mit.

2. Schiebe eine leere Kassette ein und stell das Gerät auf Aufnahme.

3. Sprich die Nachrichten ins Mikrofon und füge dabei die folgende Meldung ein:

„Durch einen Rohrbruch wurde heute eine Schule überschwemmt. Die . . . (Name deiner Schule) steht einen Meter unter Wasser, und die Schulleitung gab bekannt, daß der Unterricht zu ihrem großen Bedauern ausfallen müsse. Die Schüler werden gebeten, zu Hause zu bleiben."

4. Beim Frühstück fragst du: „Wie wär's mit den Kurznachrichten im Radio?" und stellst den Rekorder an.

AUTO-MATISCH
NR. 1

Wenn deine Eltern dich morgens immer mit dem Auto zur Schule bringen, brauchst du nur die Vergaserkupplungsschnalle (VKS) aus der Vergaserkupplungsschnallenhalterung (VKSH) zu lösen, und schon ist eure Familienkutsche lahmgelegt. Falls du den Werkhof kennst, auf dem nachts die Schulbusse parken, bietet sich dort eine vergleichbare Lösung an.

Nachbemerkung: Diesen Trick sollten nur qualifizierte Schulschwänzmechaniker (SSM) ausprobieren, die erfolgreich eine Schulschwänzmechanikerprüfung (SSMP) abgelegt und außerdem alle von den verdeckt ermittelnden Schulschwänzmechanikerprüfungsbeauftragen (SSMPB) gestellten Fragen richtig beantwortet haben.

WER ZU SPÄT KOMMT

Das „Prinzip Zuspätkommen" ist ein gemeinsames Merkmal aller wichtigen Zivilisationen der Weltgeschichte.

Im alten Rom ist Mark Anton einmal zu spät zu einer Sitzung des Senats erschienen (glauben wir jedenfalls). Und wie wir gehört haben, ist Kleopatra, obwohl sie doch die Königin der Könige war, ebenfalls nicht immer ganz pünktlich gewesen. So mancher moderne Politiker wurde, weil er zu spät kam, von der Geschichte bestraft. Selbst Jürgen Cleansmann hat die eine oder andere Torchance verpaßt, weil Rudi Knöllers Flanke zu spät bei ihm eingetrudelt ist.*

Alle kennen das Phänomen. Und dennoch runzelt die Menschheit die Stirn, wenn du einmal zu spät zum Unterricht kommst. Doch damit nicht genug – sie verlangt auch noch, daß du dafür einen **plausiblen Grund** angibst.

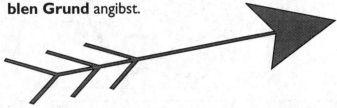

*Ganz anders ist dies übrigens bei einem Indianerstamm im südamerikanischen Regenwald, der keinerlei Zeitvorstellung kennt. Die Indianer kommen nie zu spät und nie zu früh, deshalb sind sie auch immer alle ganz locker und entspannt. Nur die Frühstückseier so hinzukriegen, wie sie sie am liebsten essen, bereitet ihnen Probleme. Und ihre Lieblingssendung, *Ein Schloß am Wörthersee*, haben sie auch schon öfter verpaßt.

Beispiel: Du kommst zu spät zur Schule. Solltest du

a) erklären, daß dein Zuspätkommen – im historischen Zusammenhang gesehen – weder überraschend noch unhöflich ist, sondern im Grunde genommen nur von tiefen inneren Banden zu den faszinierendsten Persönlichkeiten der Menschheitsgeschichte zeugt?

b) lügen?

Heutzutage reicht es nicht mehr aus, schuldbewußt zu murmeln: „Der Bus hatte Verspätung", „Ich bin auf der Straße hingefallen" oder: „Die Katze hat mir auf die Haare gekotzt."

Hier sind ein paar Ausreden, die du ausprobieren kannst. ☞ 21

DIE GUTE TAT

1

HIER SCHNEIDEN

Emmi Seebode

Sehr geehrte Schulleitung!

Wie schön, daß es auch heutzutage noch wohlerzogene Kinder gibt!

Ich, eine hilfsbedürftige alte Dame, bin heute morgen auf einer Bananenschale ausgerutscht. Ich hätte mir gut und gerne den Oberschenkelhalsknochen brechen können, aber zum Glück bin ich noch einmal glimpflich davongekommen, und mein Arzt sagt, die Heilungsaussichten stünden gut.

Jedenfalls ist mir dieses liebe Kind sofort zu Hilfe gekommen, hat die Unfallstelle abgesperrt, einen Krankenwagen gerufen und ein paar Polaroid-Fotos gemacht, für den Fall, daß ich später das Stadtreinigungsamt verklagen will.

Es tut mir leid, wenn dieser selbstlose, vorbildliche Einsatz dazu geführt haben sollte, daß mein kleiner Schutzengel zu spät zum Unterricht gekommen ist!

Hochachtungsvoll

Ihre Emmi Seebode

FAN-TASTISCH

Füge den Namen deiner Lehrerin oder deines Lehrers in den unten abgedruckten Zettel ein und erzähle mit aufgeregter Stimme, du wärst nur zu spät gekommen, weil du das Filmteam von *Ein Schloß am Wörthersee* auf der Straße gesehen hättest und unbedingt ein Autogramm ergattern wolltest.

✂ **HIER SCHNEIDEN**

Liebe/r

wie ich höre, sind Sie ein Fan unserer Serie. Das freut mich sehr, denn wir sehen es als unsere vornehmste Aufgabe an, Sie jede Woche aufs neue gut zu unterhalten. Im Namen des gesamten Teams

Ihr

PS: Seien Sie nett zu diesem Kind. Es macht Ihnen alle Ehre.

SCHLECHTE AUSREDEN

Wenn du zu spät zum Unterricht kommst, kannst du natürlich áuch einfach sagen:

a) „In Wirklichkeit bin ich für morgen 23 Stunden zu früh."

ODER:

b) „Eine so hartnäckige Fixierung auf das Raum-Zeit-Kontinuum zeugt von einer höchst einseitigen Lebenseinstellung."

Aber wir möchten dir lieber davon abraten – es sei denn, dein Lehrer ist taub und kann nicht von den Lippen lesen, oder du hattest sowieso vor, die Schule zu wechseln.

WETTBEWERB

Trage deinen Namen in das untenstehende Dokument ein, schneide es aus und lege es deiner/m Direktor/in zur Unterschrift vor.

HIER SCHNEIDEN

An die/den Direktor/in

Hiermit wird bescheinigt, daß

. . . .

für die Teilnahme am offiziellen Wettbewerb „JUGEND KOMMT ZU SPÄT" zugelassen ist.

Je später er/sie zur Schule kommt, desto mehr Geld wird für den *Regenwald in Brasilien*, die *Deutsche Gesellschaft zur Rettung Schiffbrüchiger* und die *Robben im Bodensee* bereitgestellt. Auch wenn das alles für Sie jetzt ein bißchen überraschend kommen mag, füllen Sie bitte den unteren Abschnitt aus und schicken Sie ihn an die obige Adresse.

Ich . . . ., Direktor/in der Schule . . . . versichere an Eides Statt, das der/die Teilnehmer/in am Wettbewerb „JUGEND KOMMT ZU SPÄT" heute . . . Minuten zu spät zum Unterricht erschienen ist.

Ort . . . . Datum . . . . Unterschrift

5 PLATTFUSS-INDIANER NR. 1

Dafür brauchst du:
– einen alten Fahrradschlauch

Behaupte einfach, du hättest eine Reifenpanne gehabt – niemand wird deine Aussage anzweifeln, wenn du dazu einen alten, löchrigen Fahrradschlauch schwingst.

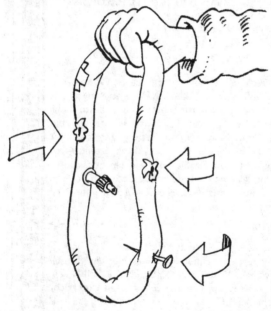

Nur für Fortgeschrittene:

Laß in einem Nebensatz einfließen, zu der Panne sei es nur gekommen, weil du einem kleinen Kind ausweichen wolltest, das plötzlich auf die Straße gelaufen ist.

6 PLATTFUSS-INDIANER NR. 2

Dafür brauchst du:
– ein paar Tropfen Öl

Behaupte einfach, du hättest dem Fahrer eines Notarztwagens, der gerade zu einem dringenden Einsatz gerufen worden war, beim Reifenwechsel helfen müssen.

Wenn dir niemand glaubt, sagst du: „Ich habe auch gar nicht erwartet, daß man mir glaubt. Darf ich mir trotzdem erst einmal das Öl abwaschen?"

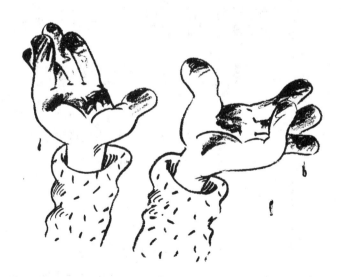

HELD DER VASE

Behaupte, du hättest auf dem Sperrmüll eine Vase gesehen und sofort als das unschätzbar wertvolle chinesische Kunstwerk aus der Zeit der Ming-Dynastie erkannt, das kürzlich bei „Aktenzeichen XYZ Ungelöst" gezeigt worden sei. Und das hättest du natürlich gleich zur Polizei bringen müssen.

✂ **HIER SCHNEIDEN**

OFFIZIELLE BESTÄTIGUNG NR. 999

OFFIZIELLE BESTÄTIGUNG DER POLIZEI

Für die Überbringung von 1 unschätzbar wertvollen Vase

Schröder

Unterschrift Oberwachtmeister Schröder

PS: Gut gemacht!

8 SOLIDARITÄT

Zeige diese Karte vor, nachdem du sie sorgfältig ausgefüllt hast. Erkläre, daß du an einem Bummelstreik teilnimmst, um die Forderung der Lehrer nach besserer Bezahlung zu unterstützen.

✂ **HIER SCHNEIDEN**

Schüler-Gewerkschaft

Mitglieds-Karte

Dieses Kind ist zahlendes Mitglied unserer Gewerkschaft

Paßfoto

Name des Kindes:
_____

Datum:_____
Alter:_____

Schule:
_____

ZAHNARZT-BRIEF

9

Füge deinen Namen ein und überreiche diesen Zettel deiner/m Lehrer/in:

✂ **HIER SCHNEIDEN**

Dr. Alfred Bohrnicht
Kinderlieber Zahnarzt

Liebe/r

Hiermit bestätigen wir Deinen heutigen Termin für 8 Uhr 45. Wir haben schon extra alle Instrumente blank poliert, den Becher mit dem Spülwasser nachgefüllt, den großen schwarzen Stuhl zurechtgerückt und die grellen Lampen eingeschaltet.

Es wird mir ein Vergnügen sein, deine hübschen kleinen Beißerchen wieder in einen Top-Zustand zu bringen!

Dein
Zahnarzt   *Bohrnicht*

AUTO-MATISCH NR. 2

Erkläre deiner/m Lehrer/in, ein unbekannter Täter habe die Vergaserkupplungsschnalle (VKS) aus der Vergaserkupplungsschnallenhalterung (VKSH) eures Wagens gelöst (siehe Seite 19). Zeig die nachfolgende Zeichnung vor, um deine Erläuterungen zu illustrieren.

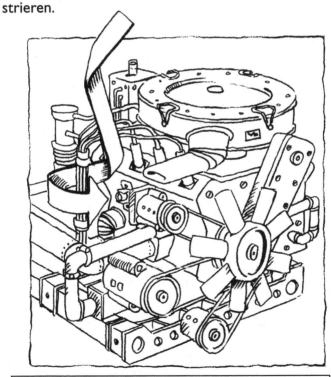

Nachbemerkung: Es wäre äußerst ungeschickt, wenn sich die Vergaserkupplungsschnalle (VKS) zu diesem Zeitpunkt noch in deiner Hosentasche (HT) befände.

Teil 2
Die vergessenen Hausaufgaben

DIE VERGESSENEN HAUSAUFGABEN

Angesichts der Tatsache, daß es so viele andere, interessantere und nützlichere Dinge auf der Welt gibt, die man in seiner Freizeit tun kann, ist es nur natürlich, daß man seine Hausaufgaben vergißt. Aber die Erwachsenen wollen das einfach nicht einsehen und sind in dieser Hinsicht total verbohrt. Damit dein Leben trotzdem nicht völlig freudlos verläuft, haben wir bei unserer Forschungs- und Entwicklungsabteilung eine Reihe hieb- und stichfester Ausreden für vergessene Hausaufgaben in Auftrag gegeben.

Zwei Dinge mußt du allerdings beachten: Jede Ausrede kann bei ein und derselben Lehrkraft nur einmal angewendet werden. Und einige Lehrerinnen und Lehrer haben sich bereits eine Liste besonders beliebter Ausreden in ihre Kalender geheftet, um deine völlig berechtigten und wahrheitsgetreuen Ausführungen jederzeit damit vergleichen zu können.

Außerdem ist kürzlich ein „Lehrbuch für Lehrer" erschienen. Darin gibt es einen Abschnitt mit dem Titel „Wie man faule Ausreden für nichterledigte Hausaufgaben fünf Meilen gegen den Wind erkennen kann."* Leider nimmt dieses ketzerische Werk vielen bewährten Schülertricks den Wind aus den Segeln. Doch wie kannst du erkennen, ob dein Lehrer dieses Buch besitzt? Ein untrügliches Zeichen sind die Bemerkungen, die den Lehrern in diesem Buch empfohlen werden. Zum Beispiel:

*Wir versuchen gerade, in die überarbeitete Auflage des „Lehrbuchs für Lehrer" ein paar Seiten einzuschmuggeln. Darin empfehlen wir den Leserinnen und Lesern, sich nur noch in einer Ritterrüstung ins Klassenzimmer zu wagen. Wenn du also in deiner Schule eine gutgerüstete Lehrkraft siehst, kannst du davon ausgehen, daß wir erfolgreich waren.

„Irgendwie ist diese Klasse viel lauter als im letzten Jahr."

„Was du da sagst, ist weder klug noch witzig."

„Es ist schließlich eure Zeit, die wir hier vergeuden."

„Ihr habt mich wirklich sehr enttäuscht."

Falls deine Lehrerinnen und Lehrer anfangen, diese Bemerkungen von sich zu geben,

sei auf der Hut!

Aber wir haben weder Kosten noch Mühen gescheut, um dir die Chance zu geben, den Lehrern stets eine Nasenlänge voraus zu sein. Mit den auf den folgenden Seiten beschriebenen Ausreden wirst du deinen Kopf garantiert aus jeder Schlinge retten. Das wissen wir aus eigener Erfahrung. Unser Verlag hat nämlich von uns verlangt, ein Buch von 160 Seiten zu schreiben. Wir haben nur 144 zusammenkratzen können, aber zur richtigen Zeit unsere besten Ausreden eingesetzt – und sie haben uns geglaubt! An diesem Beispiel kannst du sehen, wie erfolgreich unsere Ausreden sind. Wenn sie bei einem angesehenen Unternehmen wie dem Arena Verlag funktionieren, bei dem jede Menge kluge Leute arbeiten, kannst du dir an drei Fingern abzählen, was für ein Kinderspiel es ist, euer Lehrerkollegium an der Nase herumzuführen.

Also Schluß mit schlappen Ausflüchten wie „Mein Hund hat das Heft aufgefressen." „Ich habe meine Mappe im Bus liegenlassen." Oder: „Der Wind hat die Blätter weggeweht." Lies die nächsten Seiten und lerne die wichtigsten Ausreden auswendig, damit du für den Notfall gewappnet bist. (In Teil 6 wird es dann noch einmal um das Thema Hausaufgaben gehen. Dort werden wir dir verraten, wie du dich am besten vor öden Hausaufgaben drücken kannst.)

IRRTUM

Erkläre deiner/m Lehrer/in, du hättest aus Versehen die falsche Hausaufgabe gemacht. Um es beweisen zu können, schneide die untere Seite aus und zeige die mathematischen Gleichungen vor.

HIER SCHNEIDEN

$$9y + 3 = 30$$

$$9y = 30 - 3$$

$$9y = 27$$

$$y = 27 : 9$$

$$y = 3$$

BUCHSTABEN-SALAT

Behaupte einfach, du hättest deine Hausaufgaben auf dem Computer machen wollen, damit sie so richtig schön ordentlich aussehen. Aber dann habe leider dein Drucker den Geist aufgegeben ...

HIER SCHNEIDEN

$-\bullet\, \P\, \bullet\, \S \quad\quad \cent\, \infty\, \#\, \approx\, {}^{TM}\yen\, \partial$
$\yen\, \copyright\, \o\, u\, \copyright\, \o\, u\, i\, o\, j$
$-{}^{o\,a}(\,*\,(\,{}^{\wedge}\,UKHJ\_)\,P-\bullet$
$\P\, \bullet\, \S \quad\quad \cent\, \infty\, \#\, \approx\, {}^{TM}\yen\, \partial \quad\quad \yen$
$\copyright\, \o\, u\, i\, o \quad\quad j-{}^{o\,a}(\,*\,(\,{}^{\wedge}$
$UKHJ\_)\,P$
$-\bullet\, \P\, \bullet\, \S \quad\quad \cent\, \infty\, \#\, \approx\, {}^{TM}\yen\, \partial$
$\yen \quad\quad\quad\quad \copyright\, \o\, u\, i\, o$
$j\, -\, {}^{o}\,{}^{a}\,(\,*\,(\,{}^{\wedge}\, \&$
$UKHJ\_)\,P-\bullet\, \P\, \bullet\, \S\, \cent\, \infty$
$\#\, \approx\, {}^{TM}\yen\, \partial \quad \yen \quad \copyright \quad \o\, u\, i\, j$
$\_\,{}^{o\,a} \quad\quad\quad\quad\quad (\,*\,(\,{}^{\wedge}$
$\&\, UKHJ\_)\,P$
$\P\, \bullet\, \S \quad\quad \cent\, \infty\, \#\, \approx\, {}^{TM}\yen\, \partial \quad\quad \yen$
$\copyright\, \o\, u\, i\, o \quad\quad j-{}^{o\,a}(\,*\,(\,{}^{\wedge}$
$UKHJ\_)\,P-\bullet\, \P\, \bullet\, \S\, \yen\, \partial$

3 IM BRENNPUNKT

Drücke deiner/m Englischlehrer/in die ausgeschnittene Seite in die Hand und behaupte einfach, mehr hättest du nicht retten können, als dein älterer Bruder oder – noch besser – irgendein halbstarker Rüpel dein Heft angezündet hat.

HIER SCHNEIDEN

VERSTAUCHTER ARM

1. Besorge dir ein großes, viereckiges Stück Stoff und falte es nach den Anweisungen auf der nächsten Seite zu einer imposanten Schlinge.

2. Lege deinen Schreibarm in die Schlinge und erkläre deinem Lehrer, du hättest dir den Arm verstaucht. Damit bist du nicht nur für einen Tag entschuldigt, sondern kannst dich gleich eine ganze Woche lang um die Hausaufgaben drücken.

Wichtig ist, daß du dir den Arm nur verstaucht, nicht gebrochen hast, denn an einen echt wirkenden Gipsverband heranzukommen dürfte ziemlich schwierig sein.

Aber vielleicht hast du Glück, ergatterst ein wenig Gips und kannst eine Freundin oder einen Freund dazu überreden, ihn dir auf den Arm zu streichen. Auf diese Weise kommst du gleich ein paar Monate lang um alle schriftlichen Aufgaben herum – es kann nur sein, daß du gegenüber deinen Eltern in einen Erklärungsnotstand gerätst.

Anweisungen auf der nächsten Seite

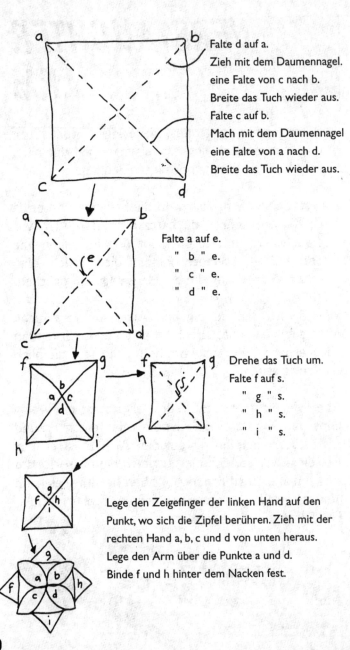

Falte d auf a.
Zieh mit dem Daumennagel.
eine Falte von c nach b.
Breite das Tuch wieder aus.
Falte c auf b.
Mach mit dem Daumennagel
eine Falte von a nach d.
Breite das Tuch wieder aus.

Falte a auf e.
" b " e.
" c " e.
" d " e.

Drehe das Tuch um.
Falte f auf s.
" g " s.
" h " s.
" i " s.

Lege den Zeigefinger der linken Hand auf den
Punkt, wo sich die Zipfel berühren. Zieh mit der
rechten Hand a, b, c und d von unten heraus.
Lege den Arm über die Punkte a und d.
Binde f und h hinter dem Nacken fest.

ENTSCHULDIGUNG NR. 1

Schneide die unten abgedruckte Entschuldigung aus und gib sie gleich zu Beginn der Stunde ab.

✂ **HIER SCHNEIDEN**

Sehr geehrte/r* Lehrer/in*,

mein/e* Tochter/Sohn* ist an Pocken*/Cholera*/Masern*/einem verstauchten Zeh* erkrankt.

Deshalb konnte er/sie* keine Hausaufgaben machen.

Ich bitte, dies zu entschuldigen.

Seine/ihre* Mutter

*Nichtzutreffendes bitte streichen.

6 ENTSCHULDIGUNG NR. 2

Schneide die unten abgedruckte Entschuldigung aus und gib sie gleich zu Beginn der Stunde ab.

HIER SCHNEIDEN

OFFIZIELLES ARZTPAPIER

Liebe pädagogische Bezugsperson,

_____ leidet unter einer ernsthaften psychischen Störung. Solange das Thema Hausaufgaben nicht erwähnt wird, besteht keine Gefahr einer akuten Verschlechterung. Erwähnt jedoch jemand dieses Wort – womöglich gar mit vorwurfsvoller Stimme! –, kann es zu Gewaltausbrüchen kommen. In schweren Fällen ist leider auch Schußwaffengebrauch nicht auszuschließen (vor allem gegen Lehrerinnen und Lehrer).

Hochachtungsvoll

Psychiater

VERREGNETER AUFSATZ

An einem regnerischen Tag können die unten abgedruckten Englischhausaufgaben lebensrettend sein.

✂ **HIER SCHNEIDEN**

8 *LEHRERKUNDE*

Je nachdem, mit was für Typen du es zu tun hast, kannst du zu verschiedenen Ausreden greifen.

a) Der verklemmte Lehrer

Sage einfach: „Ich hatte etwas Wichtigeres zu tun", und zwinkere dabei verschwörerisch.

b) Die progressive Lehrerin

Sage einfach: „Glauben Sie wirklich, daß es richtig ist, Schüler, die ihre Hausaufgaben vergessen haben, zu bestrafen? Wäre es nicht pädagogisch sinnvoller, eine positive Lehrer-Schüler-Beziehung aufzubauen, die durch Vertrauen und gegenseitige Toleranz gekennzeichnet ist?"

c) Der Referendar

Wenn du einem Referendar versprichst, dich bei seiner Lehrprobe eifrig am Unterricht zu beteiligen und bei allen Unterrichtsbesuchen einen wißbegierigen und begeisterten Eindruck zu machen, kannst du das Wort Hausaufgaben getrost vergessen.

d) Der Tyrann

Lege deinen Arm in eine Schlinge, die du nach den Anweisungen auf Seite 39/40 gefaltet hast, und erkläre mit ernster Miene: „Es tut mir leid, daß ich meine Hausaufgaben vergessen habe. Ich weiß, wie sehr Sie Schüler hassen, die ihre Hausaufgaben nicht erledigen, deshalb habe ich mich bereits selbst bestraft und meinen Arm verstaucht."

Teil 3

Der Unterricht

AUFPASSEN

Lehrerinnen und Lehrer können einem selbst den besten Tag versauen. Nehmen wir an, du bist ganz allein aufgestanden, hast dich rechtzeitig vom Frühstückstisch losgerissen, bist pünktlich zum Unterricht erschienen und hast deine Hausaufgaben dabei.

Selbst in diesem Fall geben sie sich nicht zufrieden.

Es ist nicht zu fassen, aber sie verlangen doch tatsächlich, daß du die ganze Zeit über aufpaßt. Und das ist ... äh ... wo waren wir stehengeblieben? ... gar nicht so einfach.

Doch es ist nicht nur das, Aufpassen verstößt auch gegen grundlegende moralische Prinzipien. „Die Gedanken sind frei", heißt es schon in einem alten Volkslied. Sie wollen frei und unbeschwert durch die Welt schweifen, nicht eingesperrt, in Handschellen gelegt und mit schweren Fußketten behangen in einem düsteren Kerker schmoren.

Hätte Thomas Edison das Geheimnis des elektrischen Lichts entdeckt, wenn er sich die ganze Zeit über auf unregelmäßige Verben konzentriert hätte?

Nein!

50

Hätte Steffi Brav jemals das Turnier in Wimbledon gewonnen, wenn man sie in ein stickiges Klassenzimmer gesperrt und gezwungen hätte, Gleichungen mit mehreren Unbekannten zu lösen?

Nein!

Hätte Albert Einstein die Relativitätstheorie aufstellen können, wenn er pausenlos damit beschäftigt gewesen wäre, öde Gedichte auswendig zu lernen?

Und abermals:

Nein!

Wir sehen also: Nur wer die eigenen Gedanken schweifen läßt, wird zu einem erfolgreichen und kreativen Menschen.

Die meisten Lehrerinnen und Lehrer sind allerdings geistig nicht in der Lage, diese Zusammenhänge zu begreifen. Es ist daher ratsam, stets ein paar vorgefertigte Antworten parat zu haben. So brauchst du nicht in Panik zu geraten, wenn plötzlich dein Name aufgerufen wird, obwohl du gar nicht zugehört hast. Du mußt dir nur die Ausreden auf den nächsten Seiten einprägen. Dann kannst du in aller Ruhe deinen Gedanken nachhängen und – wer weiß? – dabei vielleicht *die* Erfindung des Jahrhunderts machen.

DEUTSCH

Behaupte einfach: „Oh, Entschuldigung, mir sind gerade einige Verse eingefallen." Mache dazu folgendes Gesicht:

Falls dein/e Deutschlehrer/in Genaueres wissen will, halte dich an das Gedicht auf der folgenden Seite.

NOTFALL-GEDICHT

Füge einfach deinen eigenen Namen in das folgende Gedicht ein.

✂ HIER SCHNEIDEN

Ich heiße _____,

was auch immer geschieht.

Die Leute sagen: „_____,

sing ein fröhliches Lied!"

Ich sage: „Von allem, was gut schmeckt,

gefällt mir Bückling am besten.

Einen habe ich in Papis Schuhen versteckt,

und zwei in seinen Lieblingswesten."

Die Leute sagen: „Du bist ungezogen, _____",

und nennen mich aufrührerisch.

Sie sagen: „Du solltest dich was schämen,

_____."

Pah! Nächstes Mal nehme ich lebenden

Fisch ..."

GESCHICHTE

Behaupte einfach: „Ich habe gerade darüber nachgedacht, in welcher Beziehung hierzu die Erfindung des Buchdrucks im 15. Jahrhundert durch Johannes Gutenberg steht. Sehen Sie den Zusammenhang?"

Mache dazu folgendes Gesicht:

ERDKUNDE

Behaupte einfach: „Ich habe mich gerade gefragt, ob sich dies durch eine globale Erwärmung ändern würde. Wie könnten wir eine solche Erwärmung eigentlich messen?"

Mache dazu folgendes Gesicht:

4 PHYSIK

Sage einfach: „Ich habe gerade über ein Problem nachgedacht, das ich nicht verstehe. Nehmen wir an, ein Pfeil wird aus der Entfernung x zu Punkt Y auf einen Apfel abgeschossen.

Zunächst muß der Pfeil die Hälfte dieser Entfernung zurücklegen und hat dann die andere Hälfte noch vor sich. Er hat also erst die Hälfte von x zurückgelegt.

Von der verbleibenden Entfernung muß er auch zunächst die erste Hälfte zurücklegen und hat die andere noch vor sich.

Und von der dann noch verbleibenden Entfernung muß er wiederum zunächst die erste Hälfte zurücklegen und hat die zweite Hälfte noch vor sich.

Immer wieder muß er die erste Hälfte der verbleibenden Entfernung zurücklegen und hat die andere Hälfte noch vor sich.

Heißt das, daß der Pfeil den Apfel niemals erreichen wird? Und wenn das so ist, wie hat das dann bei Wilhelm Tell funktioniert?"

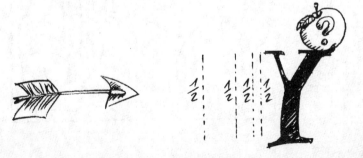

Nur für Fortgeschrittene:

Dafür brauchst du:
– eine lebende Ratte

1. Halte die Ratte in deiner Schulmappe versteckt.
2. Wenn dir eine Frage gestellt wird, sagst du einfach: „Tut mir leid, aber ich habe mich gerade gefragt, zu welcher Gattung wohl diese Ratte gehört!"

THEATER-PROBE

Behaupte einfach: „Ich habe gerade versucht, mich intensiv in meine Rolle hineinzudenken. Sie haben mich in meiner Konzentration gestört. Jetzt muß ich die angestaute Energie in einem Ausdruckstanz freisetzen."

Anschließend führst du so lange die unten aufgeführten Bewegungen aus, bis längst vergessen ist, daß du eigentlich eine Frage beantworten solltest.

RELIGION

Behaupte einfach mit verklärtem Gesicht: „Oh, ich habe gerade den himmlischen Chören gelauscht. Hören Sie sie denn nicht?"

8 KUNST

Im Kunstunterricht läuft es meist darauf hinaus, daß du gefragt wirst, warum du so laut bist. Hier ein typischer Dialog:

LEHRER: (schreit ziemlich laut) „Was habe ich gerade gesagt?"
SCHÜLER: „Seid nicht so laut!"
LEHRER: „Und warum machst du dann so ein Geschrei?"

An diesem Punkt reicht es meist aus, schuldbewußt „Weiß nicht ..." zu murmeln, aber nach sieben oder acht Anwendungen dürfte sich auch das ziemlich abgenutzt haben. In solchen Fällen ist es vorteilhaft, das unten abgedruckte Bild in petto zu haben und zu sagen: „Wir haben gerade darüber debattiert, wer wohl einen größeren Einfluß auf dieses Bild hatte, Rembrandt oder Frans Hals?"

ALLZWECK-AUSREDE NR. 1

Dazu brauchst du:
– ein kleines Stück Metall

Trage das Metallstück stets bei dir. Wenn man dir eine schwierige Frage stellt, tu so, als würdest du es gerade aus dem Mund nehmen, und erkläre dann: „Es tut mir leid, aber ich fürchte, mir ist gerade eine Plombe herausgefallen." Halte deiner/m Lehrer/in das Metallstück unter die Nase.

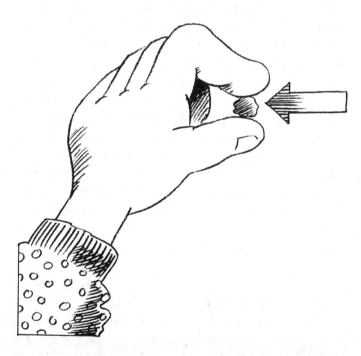

Nur für Fortgeschrittene:

Diese Ausrede kannst du ausprobieren, wenn man dir eine Frage stellt und du nicht im geringsten aufgepaßt hast.

„Ach, wer könnte wohl erwarten, daß sich der menschliche Geist auf ein kleines Klassenzimmer beschränken läßt, wo es auf unserem Planeten doch so vieles gibt, was nach ihm ruft? Er will fliegen wie eine Möwe, die sich über der brausenden Brandung in die Lüfte schwingt, will sich flink und geschmeidig vorwärts bewegen wie eine Gazelle, die über die weite Steppe eilt – schwerelos, fast poetisch, ein gleißendes Bündel reiner Energie. Es tut mir leid, daß ich Ihre Frage nicht beantworten kann, aber ich hatte gerade eine wunderbare Vision ... die Vision, daß die Menschheit eines Tages so frei sein wird wie der Vogel und die Gazelle, über alle kleinlichen Sorgen erhaben, getragen von wahrem Verständnis und tiefem Respekt ..."

Wichtiger Hinweis: Diese Ausrede wirkt längst nicht bei allen Lehrerinnen und Lehrern, aber wenn du die/den Richtige/n erwischst, brauchst du die nächsten Wochen keinen Finger mehr krumm zu machen.

TESTS

Wenn in der nächsten Stunde ein Test bevorsteht, auf den du dich nicht optimal (sprich: nicht die Bohne) vorbereitet hast, kannst du den unten abgedruckten Zettel ausschneiden und an die Klassentür heften. Bis der Hausmeister gefunden und der Sachverhalt geklärt ist, bleibt zu deinem großen Bedauern für den Test nicht mehr genug Zeit.

HINWEIS

AN ALLE, DIE VORHABEN,
DIESES KLASSENZIMMER ZU BENUTZEN

EINSTURZGEFAHR!

BETRETEN VERBOTEN!

Aus einer Reihe von Gründen, die vor allem
mit dem Fundament und solchen Sachen zu
tun haben, muß dieses Zimmer als
einsturzgefährdet gelten.

HIER SCHNEIDEN

Teil 4

Die Pause

DIE PAUSE

Es ist eine unumstößliche biologische Tatsache, daß jedes Lebewesen irgendwann einmal eine Pause braucht.

Wie schon Professor Heinz Vielmann in seinem bekannten Film *Die Echsen von Galapagos* und in seiner noch bekannteren Fernsehserie *Expeditionen ins Tierreich* sagte: „Leute, ich könnte jetzt echt mal 'ne Pause vertragen."

Auch wenn die Leute von der Regie diese Bemerkung aus der Endversion rausgeschnitten haben . . .

Er meinte dann noch: „Und 'ne ordentliche Käsestulle täte jetzt auch ganz gut", aber an dem Punkt haben wir ihn gebeten, die Klappe zu halten, weil er uns, ehrlich gesagt, allmählich auf die Nerven ging.

Wie auch immer, jedenfalls, wie gesagt, also, es geht darum, daß jeder Mensch mal eine Pause braucht. Deshalb solltest du dir von den sogenannten Erwachsenen auch niemals einreden lassen, daß sie keine Pausen machen. Oder was meinst du, warum sie dich nicht ins Lehrerzimmer lassen? Doch nur deshalb, weil fast alle Schulen einen geheimen unterirdischen Spielplatz haben, den man direkt vom Lehrerzimmer aus erreichen kann.

Wir haben uns entschlossen, der Sache auf den Grund zu gehen.

Nach einem entscheidenden Tip aus gut informierten Kreisen (erstklassige Kontakte zur Schulbehörde lohnen sich immer!) haben wir weder Kosten noch Mühen gescheut, um uns falsche Ausweise zu besorgen und bei einem führenden Lehrerausstatter mit Stapeln unkorrigierter Arbeitshefte, Petrischalen, altmodischen Klamotten, randlosen Brillen, schwarzen Ringen unter den Augen und verbitterten Redewendungen einzudecken, zum Beispiel: „miserable Moral der heutigen Schülergeneration", „katastrophale Unterrichtsbedingungen" oder ‚schlechte Bezahlung und viel zu kurze Ferien". Durch diese Tarnung geradezu genial geschützt, konnten wir mit unseren verdeckten Ermittlungen beginnen und uns in aller Ruhe auf diesen geheimen Pausenplätzen für Lehrer umsehen.

Traurig, aber wahr: Unsere schlimmsten Befürchtungen wurden bestätigt! Einige Lehrerinnen und Lehrer kickten mit einer leeren Limodose, andere spielten Seilhüpfen oder Gummitwist. Ein paar besonders Freche ärgerten den Kunstlehrer, schubsten ihn in eine Ecke, knoteten seine Schnürsenkel zusammen, klauten ihm sein Pausenbrot und kitzelten ihn, bis er weinen mußte. Und die anderen liefen hin und her, kreischten, schrien und prügelten sich. Auf der nächsten Seite sind einige unserer schlimmsten Eindrücke bildlich festgehalten ... nein, halt, das gilt nur für das vierte Bild, unser Zeichner hat da anscheinend was in den falschen Hals gekriegt ...

Jedenfalls brauchst du nicht zu glauben, die Erwachsenen täten dir einen Gefallen, wenn sie dir eine Pause gönnen.

Pausen sind dein gutes Recht!

Deshalb gilt es, sie zu schützen und wenn möglich auszudehnen.

DIE SANFTE METHODE

Wenn du gern eine etwas längere Pause hättest als sonst, gib der Lehrkraft, die gerade die Pausenaufsicht führt, diesen Zettel.

✂ **HIER SCHNEIDEN**

Offizielle Schulmitteilung

Von: Direktor

An: Pausenaufsicht

Bitte gönnen Sie den Kindern heute eine um zehn Minuten verlängerte Pause. Ich habe Geburtstag, und da möchte ich mich gern ein bißchen spendabel zeigen.

Darf ich Sie nach der Schule zu Kaffee und Kuchen einladen?

Ich hoffe, es geht Ihnen gut? Mir geht es bestens.

Herzlich

Ihr

Direktor

2

DIE GANGSTERMETHODE

Eine etwas härtere Gangart legst du ein, wenn du der Pausenaufsicht diesen Zettel in die Hand drückst:

HIER SCHNEIDEN

ZeHn MinuHTEN Lenger FÜR DiE JuNgs UNd MedELs SoNst kNALLz !

KARATE-KID

Wenn dich die anderen in eine Prügelei verwickeln wollen, brauchst du nur zu sagen: „Klar doch, Leute, jederzeit. Aber ich bin rechtlich verpflichtet, euch vorher meine Urkunde zu zeigen."

KARATE-URKUNDE

HIER SCHNEIDEN

Diese Urkunde wurde verliehen an

Datum -------------------------------

Er/sie ist berechtigt, anderen so richtig weh zu tun.

(Kein Witz!)

4 SCHERBEN-HAUFEN

Wenn dein Ball durch ein Fenster fliegt, hol dir so viele Bälle, wie du in der Eile bekommen kannst, beschrifte sie mit den Namen anderer Schüler und wirf sie ebenfalls durchs Fenster.

Je mehr Bälle du auftreibst, desto schwieriger wird es, den wahren Täter zu ermitteln.

a) Wenn man dich bei einer Prügelei mit jemandem erwischt, den du nicht ausstehen kannst, sage einfach: „Er/sie hat behauptet, Sie wären kein/e gute/r Lehrer/in."

b) Wenn man dich bei einer Prügelei mit jemandem erwischt, den du eigentlich ganz nett findest, sage einfach: „Aber wir haben doch bloß versucht, die Szene aus dem Film nachzustellen, den wir gestern abend gesehen haben. Sah es denn realistisch aus?"

Hinweis: Warum du dich mit jemandem prügeln solltest, den du eigentlich nett findest, ist nicht ganz einsichtig, aber es ist immer besser, für alle Eventualitäten gewappnet zu sein.

Teil 5

Die Sportstunde

SPORT IST MORD

Wenn erwiesen ist, daß eine bestimmte Tätigkeit die Beteiligten nur ermüdet, ein erhebliches Verletzungsrisiko mit sich bringt, Menschen dazu zwingt, sich in spärlicher Bekleidung Wind und Wetter auszusetzen, und darüber hinaus mit einem äußerst unproduktiven Einsatz von Zeit und Geld verbunden ist, sollte man eigentlich davon ausgehen, daß die Schulbehörde sie verboten hat. Ja, man sollte meinen, die sonst so um unser Wohl besorgte Schulleitung hätte längst die Polizei gerufen, die Rädelsführer festnehmen lassen und vor Gericht gestellt.

Entgegen aller Vernunft ist die Teilnahme am Sportunterricht jedoch zwingend vorgeschrieben.

Dabei stellt sich die Frage, warum diese wahnwitzige Tätigkeit überhaupt „Sport" genannt wird. Zeugt es denn nicht von total unsportlichem Verhalten, andere durch indirekte Gewalt zu etwas zu zwingen, worauf sie eigentlich nicht die geringste Lust verspüren?

Aber die Befürworter des Sports haben angeblich höhere Werte im Sinn. Wer hat nicht schon ihre hochtrabenden Sprüche gehört?

„Sport soll Körper, Geist und Seele gleichermaßen ansprechen, und das beste Beispiel dafür ist Tischtennis."

Oder:

„Tischtennis ist der Sport der Könige."

Und manche, die sich besonders modern vorkommen, biedern sich mit flotten Versen an:

„Ping pong puh, babob bib buh, zwanzig fünfzehn – yeah!"

All das zeigt, wie sehr man verblöden kann, wenn man den Sport zu seinem Lebensinhalt macht.* Die Psychiater nennen diese schleichende Geistesschwäche

„Sportsyndrom".

Mit Hilfe der folgenden Seiten kannst du lernen, diese Lehrerkrankheit unter Kontrolle zu halten.

* Übrigens hält sich das Gerücht, die österreichisch-ungarische Revolution sei durch einen abgefälschten Schmetterball König Leopolds von Österreich ausgelöst worden.

ATTEST

Um dich erfolgreich vor der nächsten Sportstunde zu drücken, schneide die folgende Bescheinigung aus und gib sie vor der Stunde ab. ✂ **HIER SCHNEIDEN**

 # Sportmedizinisches Krankenhaus

Ärztliches Attest

Sehr geehrte Dame! Sehr geehrter Herr!

Dieses Kind hat ein schwerwiegendes Problem mit der Achillessehne, vielleicht aber auch mit der Kniesehne oder der Beugesehne. Wie auch immer, die genannten Sehnen sollten in absehbarer Zukunft auf keinen Fall belastet werden.
Natürlich war dieses sportbegeisterte Kind von dem Untersuchungsergebnis schwer enttäuscht, aber wir haben es ermahnt, hübsch geduldig zu sein und die Sache ganz langsam anzugehen.

Gezeichnet   Dr. _Wurull_   (Arzt)

Ich, ein weiterer Arzt, bin gerade zufällig in der Nähe und möchte alle obigen Angaben ausdrücklich bestätigen.

Gezeichnet   Dr. _Tarl_ (Weiterer Arzt)

2 *MARATHON*

Füge das gestrige Datum in die Teilnehmerkarte ein, schneide sie aus und hefte sie an dein Sporthemd. Erkläre deiner/m Sportlehrer/in, du seist völlig erschöpft, weil du am Vortag an einem Marathonlauf für einen guten Zweck teilgenommen hättest. Deute auf die Karte, um deine Aussage zu belegen.

VOLKS-
MARATHON
FÜR EINEN GUTEN ZWECK

Teilnehmer-Nr.

7469

HIER SCHNEIDEN

DATUM: _____

BIORHYTHMUS

Behaupte einfach: „Entschuldigen Sie bitte, aber ich habe gerade meinen Biorhythmus mit meinem Süßigkeitenvertilgungsplan sowie dem Flußdiagramm für mein Konditionstraining abgeglichen, und heute ist eindeutig ein Ruhetag."

Falls deine Glaubwürdigkeit angezweifelt werden sollte, kannst du auf das unten abgebildete Schaubild verweisen.

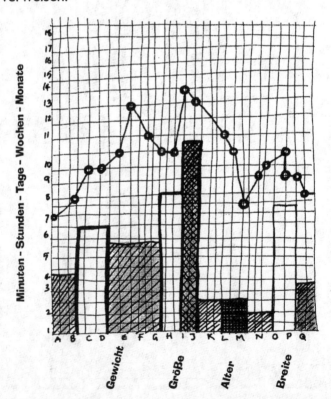

ALLES FRISCH

Trage ein passendes Datum ein und gib den unten abgedruckten Brief zu Beginn der Sportstunde ab.

AVSJ

ATHLETIK-VERBAND FÜR DIE SPORTBEGEISTERTE JUGEND

Liebe Sportlehrerinnen und Sportlehrer,

am _____ findet die große Verbandsmeisterschaft der sportbegeisterten Jugend statt.

Bitte, tragen Sie das Ihre dazu bei, daß unser junges Mitglied möglichst ausgeruht zum Wettkampf kommt. Bei seiner Sportbegeisterung will unser Mitglied bestimmt bis zur letzten Sekunde trainieren. Wir bitten Sie inständig, darauf zu bestehen, daß es nicht am Sportunterricht teilnimmt, um am Tag der Meisterschaft möglichst frisch zu sein.

Mit sportlichen Grüßen

Füll das unten abgedruckte Formular aus und gib es bei der Spielleitung ab.

HIER SCHNEIDEN

Bundesspielleitung Zentralbüro Berlin

Hiermit wird bescheinigt, daß _____ die Voraussetzungen für eine Ehren-urkunde jederzeit locker erfüllt und daher nicht mehr an den Spielen teilzunehmen braucht.

Gezeichnet

Verwaltung

Schriftleitung

Spielaufsicht

Geschäftsführung

6 *LEHRERKUNDE*

Wenn es dir einfach nicht gelingen will, dich um den Sportunterricht zu drücken, brauchst du etwas Nachhilfe in Lehrerkunde. Sportlehrerinnen und -lehrer lassen sich in zwei Typen unterteilen: die Eifrigen und die Schlaffen.

a) Die Eifrigen

Sie sind immer voller Bewegungsdrang und bestens informiert. Wertvolle Pluspunkte holst du dir, wenn du sie nach der Aufstellung irgendeiner aktuellen internationalen Mannschaft fragst.

Die Eifrigen legen großen Wert darauf, daß du dich anstrengst. Am besten stellst du dich mit ihnen, wenn du dich alle zehn Minuten mit Wasser bespritzt, damit es so aussieht, als würdest du schwitzen.

b) Die Schlaffen

Sie merken sowieso nicht, ob du am Unterricht teilnimmst oder nicht.

Wenn du dann doch mal in der Sportstunde aufkreuzt, kannst du sie bestimmt davon überzeugen, daß der internationale Verband für die Sportart, die ihr gerade spielt, vor kurzem die Regeln so geändert hat, daß sich die Hälfte von euch hinsetzen kann und die andere Hälfte früher Schluß machen muß.

SPORTSACHEN VERGESSEN

Vergessene Sportsachen sind kein Grund zur Panik. Wir haben drei Ausreden der Güteklasse A für dich bereit:

a) Designermode

Schneide einfach die unten abgedruckten Label aus und hefte sie an deine normalen Klamotten. Tu so, als sei dies der letzte Schrei in Sachen modischer Sportbekleidung.

b) Versuchskaninchen

Schneide diesen Zettel aus und gib ihn zu Beginn
der Sportstunde ab.

HIER SCHNEIDEN

A. A. A.

B. B. B.

Dieses Kind nimmt als Versuchsperson an einem Forschungsvorhaben der Allgemeinen
Amateur-Athleten und der Bundes-Bewe-
gungs-Behörde teil.

Ziel dieser Forschungen ist es, wissenschaftlich
zu ermitteln, ob in Sportkleidung oder in
normaler Alltagskleidung bessere Leistungen
erbracht werden. Heute soll unsere Versuchsperson normale Alltagskleidung tragen.

Bitte unterstützen Sie unser Forschungsvorhaben.

Vielen Dank!

c) Streng nach Lehrplan

Verkünde, du würdest dich an Rahmenrichtlinie R2 des von der letzten Kultusministerkonferenz beschlossenen Lehrplans halten.

Kultusministerkonferenz Brandneuer Lehrplan

Rahmenrichtlinien
Sport

**– – Rahmenrichtlinie R 1
Sportunterricht in
sporttypischer Bekleidung**

**– – Rahmenrichtlinie R 2
Sportunterricht in
sportuntypischer Bekleidung**

HIER SCHNEIDEN

8 VERSCHNAUF-PAUSE

Hier ein paar Ausrufe, mit denen du dir in einer anstrengenden Sportstunde eine Verschnaufpause verschaffen kannst. Vergiß nicht, gleichzeitig die Hände in die Luft zu werfen und dich nach deiner Lehrerin oder deinem Lehrer umzuschauen.

„Abseits!"

„Foul!"

„Autsch!" (Dabei gleichzeitig an die Achillessehne fassen. Fortgeschrittene können versuchen, mitten im Lauf hinzufallen und sich schmerzverkrümmt auf dem Boden zu wälzen.)

„Schiedsrichter!"

„Unser Punkt!"

„Jedesmal! Das machen die jedesmal!"

„Der Ball war im Aus."

„Die Sonne blendet!"

„Wir haben Gegenwind!"

„Ich glaube, es fängt an zu regnen."

„Für heute ist ein Gewitter angesagt."

„Meine Schnürsenkel sind locker."

„Ich muß heute früher zum Duschen. Mein Deodorant hat versagt."

Teil 6

Die Hausaufgaben

HAUSAUFGABEN – EIN FLUCH DER MENSCHHEIT

Als sich zu Anbeginn der Zeit die Erdkruste abzukühlen begann, entstanden drei Dinge: das Land, das Meer und die Hausaufgaben.* Bis dahin hatte es nichts gegeben, was man hätte pauken können. Jetzt gab es plötzlich haufenweise Stoff zum Lernen: Erdkunde, Physik, Biologie, Chemie und vieles andere mehr, obwohl es weitere vier Millionen Jahre dauern sollte, bis die deutsche Literatur ihren häßlichen Kopf aus der Ursuppe erhob und höhnisch grinste: „Bis morgen bitte dieses Gedicht auswendig lernen."

Es gibt eine Theorie, die besagt, daß viele berühmte Persönlichkeiten im Laufe der Geschichte bestimmte Dinge nur getan haben, um damit Stoff für neue Hausaufgaben zu schaffen.

Hätte zum Beispiel Johannes Gutenberg im 15. Jahrhundert nicht den Buchdruck erfunden, bräuchten wir seine dämlichen Lettern heute nicht zu Hause nachzuzeichnen. Und wäre Napoleon 1815 nicht in die Schlacht von Waterloo gezogen, wäre vielen Schülerinnen und Schülern ein freier Nachmittag vergönnt gewesen.

Manche Leute schließen daraus, daß Napoleon ein alter Fiesling war, der der Jugend kein Vergnügen gönnte. Andere weisen darauf hin, daß er Schlachten in Wanne-Eickel, Rüdesheim und Clausthal-Zellerfeld

* „Quatsch!" (Professor Heinz Vielmann)

aus dem Weg gegangen ist, weil ihm klar war, daß dies eine ganze Woche zusätzliche Hausaufgaben bedeutet hätte.

Natürlich können Hausaufgaben manchmal auch der Mühe wert sein. Es ist amüsant, das alberne Leuchten in den Augen deiner Lehrerin oder deines Lehrers zu sehen, wenn du dir tatsächlich mal die Mühe machst, etwas zu Papier zu bringen. Und für den Fall, daß du beim BSG-9-Kommandanten „Blutrünst" Schwarzenholzer Unterricht hast, können dich deine Hausaufgaben davor schützen, im Schulteich versenkt zu werden.

Aber:
Daß du fertige Hausaufgaben vorzuweisen hast, heißt noch lange nicht, daß du sie selbst machen mußt!

So kannst du dich erfolgreich davor drücken.

LUCKY STRIKE

Schneide den unten abgedruckten Aufruf aus, laß ihn auf dem Lehrerpult liegen oder schiebe ihn unter der Tür des Lehrerzimmers durch.

GVW
Gewerkschaft
Verziehung und Wissenskraft

LEHRERSTREIK
LEHRERSTREIK

Wichtige Neuigkeiten!!!

Alle Lehrerinnen und Lehrer werden aufgerufen, in einen sofortigen Hausaufgabenstreik zu treten. Mit dieser drastischen Maßnahme wollen wir auf die üblichen Mißstände hinweisen (Sie wissen schon: miese Bezahlung, saumäßige Schülermoral, Personalknappheit, laute Klassen, beamtenrechtlich verfügter Zwang, Frisuren aus den 70er Jahren tragen zu müssen, usw.)!

Nicht Brötchen mit Quark,
Solidarität macht stark!

GUTSCHEIN

Schneide diese Gutscheine aus und reiche sie statt deiner Hausaufgaben ein.

HIER SCHNEIDEN

Geschichtshausaufgabe

An die Schülerschaft: Schneide diesen Gutschein aus und reiche ihn statt deiner Geschichtshausaufgabe ein.

◄───────────────────────►

An den Lehrkörper: Dieser Gutschein darf nur als Ersatz für eine Geschichtshausaufgabe angenommen werden. Leiten Sie ihn an die Schulbehörde weiter, die Ihnen eine Geschichtshausaufgabe erstatten wird.

HIER SCHNEIDEN

Mathematikhausaufgabe

An die Schülerschaft: Schneide diesen Gutschein aus und reiche ihn statt deiner Mathematikhausaufgabe ein.

◄───────────────────────►

An den Lehrkörper: Dieser Gutschein darf nur als Ersatz für eine Geschichtshausaufgabe angenommen werden. Leiten Sie ihn an die Schulbehörde weiter, die Ihnen eine Mathematikhausaufgabe erstatten wird.

ANDERE EINSPANNEN

Hast du keine Chance, das Problem der Hausaufgaben schon an seiner Wurzel zu bekämpfen, kommen wir zu einem Punkt, an dem sich endlich deine Eltern einmal als nützlich erweisen können. Folgende Tricks sind von der Stiftung Warentest mit „gut" bewertet worden.

Deine Mutter

a) Versuchung
„Ich würde dir ja liebend gern die neuesten Gerüchte über Frau ____ (Name eurer Nachbarin) erzählen, aber ich muß erst meine Hausaufgaben machen."

b) Herausforderung
„Hausaufgaben sind heute viel schwerer als damals, als du noch zur Schule gegangen bist. Ich wette, du könntest diese Fragen nicht beantworten."

c) Erpressung
„Ich habe den letzten Streit zwischen dir und Papi auf Kassette aufgenommen, und ____ (Name deines Freundes) will, daß ich sie bei ihm zu Hause vorspiele, aber ich habe ihm gesagt, ich könnte nicht kommen, weil du mir bestimmt bei meinen Hausaufgaben hilfst."

d) Konkurrenz belebt das Geschäft

„Frau _____ (Mutter deines Freundes) wird von allen bewundert. Weißt du eigentlich, daß sie ihren Kindern jeden Tag bei den Hausaufgaben hilft? Sie schwärmen ständig davon, was für eine gute Mutter sie ist."

Dein Vater

a) Mitleid

„Wenn du mir bei meinen Hausaufgaben helfen würdest, müßte ich nicht ständig daran denken, daß ich keinen Hund habe."

b) Drohung

„Ich nehme an einem Wohltätigkeitsquiz teil. Für jede Frage, die man nicht beantworten kann, müssen die Eltern Geld bezahlen. Nur wenn man sie alle richtig beantwortet, werden die Eltern nicht zur Kasse gebeten."

c) Wetten, daß?

„Ich habe mit _____ (Name deines Freundes) gewettet, daß du klüger bist als sein Vater. Wir haben beschlossen, euer Wissen anhand der folgenden Fragen zu überprüfen."

d) Spieltrieb

„Wollen wir Fernsehquiz spielen? Ich bin der Quizmaster."

4 DIE 10-SEKUNDEN-HAUSAUFGABEN

Für den Fall, daß du niemanden findest, auf den du deine Hausaufgaben abwälzen kannst, haben wir ein paar unterhaltsame Ersatzhausaufgaben für dich zusammengestellt. Dabei lernst du zwar nicht das, wozu dein Lehrer dich verdonnern wollte, aber zumindest kannst du mit Recht behaupten, du hättest dich mit dem Thema befaßt.

a) Geschichte I

Das Ende des Zeitalters der Ritter und Burgen

Finde den Unterschied zwischen beiden Bildern.

b) Geschichte 2

Das Rätsel um Ludwig, den Bayernkönig

Dazu brauchst du:
– einen Würfel

Ist König Ludwig II. im Starnberger See ertrunken, oder ist er ermordet worden?

Wie du das Rätsel löst:

1. Laß den Würfel rollen.
2. Lies die Antwort aus der Tabelle ab:

1 Auge – „Ja, er ist auf jeden Fall ermordet worden."

2 Augen – „Ja, er ist wahrscheinlich ermordet worden."

3 Augen – „Hm, vielleicht . . ."

4 Augen – „Es gibt keinen echten Beweis für einen Mord."

5 Augen – „Nein, wahrscheinlich ist er nicht ermordet worden."

6 Augen – „Nein, er ist natürlich ertrunken."

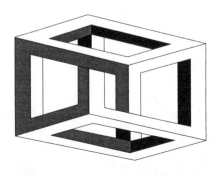

c) Erdkunde

Was ist an dieser Karte falsch?

d) Kunst

Fälschung

In der Welt der Kunst stehen wir immer wieder vor der bangen Frage, ob ein Bild echt ist oder womöglich gefälscht. Hier ein Bild, das erst kürzlich als Fälschung entlarvt wurde. Findest du die verräterischen Details, an denen man die Fälschung erkennen kann?

DA VINCI

e) Biologie

Unsere natürlichen Lebensgrundlagen

Die folgenden sechs Abbildungen zeigen fünf Dinge, die für das Überleben der Menschheit auf diesem Planeten unerläßlich sind. Welche sind es?

1 Regenwald

2 Saubere Luft

3 Sauberes Wasser

4 Energiesparen

5 Abfall-Recycling

6 Hans-Joachim Miesmann (Studienrat)

f) Physik

Die Geschichte der Glühbirne

Das Hauptproblem bei der Erfindung der Glühbirne lag in der Entscheidung, welche Form sie bekommen sollte.

Da hatte Thomas Edison eine Idee.

g) Theatergruppe

Übernimm die Rolle von Kristie oder Kevin in dem kurzen Stück mit dem Titel „Kristie und Kevin lassen die Sau raus". Es wurde eigens dafür geschrieben, daß du hinterher behaupten kannst, du hättest schon mal eine Titelrolle gespielt.

Kevin und Kristie lassen die Sau raus

Licht an. Beate und Bernhard stehen in einem kahlen Zimmer.
Bernhard: Hallo, Beate.
Beate: Hallo, Bernhard.
Bernhard: Na? Hast du in letzter Zeit irgend etwas Interessantes erlebt?
Beate: Nö. Ich habe Joghurt gemacht. Und die restliche Zeit habe ich vorm Fernseher gesessen.
Bernhard: Hm. Bei mir war's auch nicht viel anders. Bloß ist leider mein Fernseher kaputtgegangen, ich habe nämlich aus Versehen etwas Joghurt darüber geschüttet. Aber wo sind eigentlich Kevin und Kristie?
Beate: Die sind ausgegangen, machen sich einen schönen Abend, nehme ich an.
Bernhard: Hm. Meinst du, sie kommen noch?
Beate: Nö, die doch nicht.
Bernhard: Tja, das kennt man von den beiden. Bei jeder Gelegenheit lassen sie die Sau raus. Komm, wir gehen und machen noch etwas Joghurt.
Bernhard und Beate ab. Abbas „Knowing Me, Knowing You" ist zu hören. Vorhang.

h) Deutsch I

Gedichtinterpretation

Lies das folgende Gedicht:

Ich bin Dichter
Und frage mich,
Warum schreiben Dichter eigentlich
Immer nur über sich selbst? Ich meine
Es interessiert sich ja doch
Niemand dafür.
Und warum reimen sich manche Gedichte nicht?
Und warum sind bei manchen die Zeilen unterschiedlich
lang?
Wie bei diesem.
Jetzt habe ich eines geschrieben.
Bin ich ein Dichter?

Kreuze die Interpretation an, die deinem Eindruck von dem Gedicht am nächsten kommt.

❑ **A.**

Die feine Ironie des vorliegenden Gedichts richtet sich sowohl gegen die Leserinnen und Leser als auch gegen den Dichter selbst. Indem er uns all die Fragen stellt, die wir gern über sein Gedicht stellen würden, erzielt er einen bemerkenswerten Doppeleffekt: Einerseits verspüren wir Genugtuung darüber, daß die Trivialität und die Willkürlichkeit des Gedichts bloßgestellt werden. Andererseits werden wir unweigerlich in das Geschehen hineingezogen, so daß wir uns mit dem dargestellten Gedankengang identifizieren. Unser erster Eindruck, es handele sich lediglich um eine oberflächliche Verspottung der Dichtkunst, tritt in den Hintergrund und macht der Erkenntnis Platz, daß der Dichter in Wirklichkeit das Ziel aller Dichtkunst erreicht: die Artikulation und Kondensation eines Gedankens, der uns so noch nicht ins Bewußtsein gerückt ist. Nicht ohne Verwunderung gestehen wir uns daher ein, daß die von dem Gedicht scheinbar widerlegte These – nämlich daß die Dichtkunst uns unabhängig von ihrer jeweiligen Form neue Einsichten zu vermitteln vermag – von nun an für uns eine neue Gültigkeit besitzt.

❏ B.

Der vorliegende Versuch der Verteidigung ametrischer Blankverse ist zum Scheitern verurteilt, weil er sich zwangsläufig der Mittel bedienen muß, die er gleichzeitig zu rechtfertigen sucht. Auch wenn der Dichter die Erkenntnis vermitteln will, man könne die Dichtkunst mit dichterischen Mitteln in Frage stellen, um damit die Unverwüstlichkeit dieser Form zu beweisen, muß die Antwort auf die letzte rhetorische Frage des Dichters ganz klar „nein" lauten. Niemand wird dadurch, daß er ein paar Zeilen unterschiedlicher Länge über sich selbst niederschreibt, schon zum Dichter. Ist dies erst einmal klargestellt, fallen des Kaisers neue Kleider von der Form ab. Zurück bleibt der nackte Inhalt – wenig mehr als ein ziemlich oberflächliches Geschwafel, das überdies noch höchst eigennützig ist.

i) Deutsch 2

Rechtschreibtest

Kannst du die folgenden Wörter richtig buchstabieren? Schreib deine Antworten in die dafür vorgesehenen Zeilen.

1. abstoßend _____

2. häßlich _____

3. widerlich _____

4. verbohrt _____

5. nutzlos _____

6. langweilig _____

7. unerwünscht_____

8. verkniffen _____

9. dumm _____

10. Lehrer _____

Teil 7

Die
Freizeit

FREIZEIT

Endlich sind wir beim besten Teil des Tages ange-
langt. Die Schule ist vorbei – und es hat noch nicht
der schwierigere Teil des Abends begonnen, an dem
darüber verhandelt wird, wie lange du aufbleiben
darfst.

Das einzige Problem ist, daß die moderne Wissen-
schaft heute aus was weiß ich für Gründen davon
ausgeht, daß das, was du in deiner Freizeit treibst,
sich irgendwie darauf auswirken wird, was du später
im Leben einmal machen wirst.

– Schließlich hat Steffi Brav schon im Kindergarten
  beim Mittagessen mit dem Löffel Hackfleischklößchen ins Aus geschlagen.

– Thomas Flottschalk ist schon als Kleinkind hek-
  tisch herumgelaufen, hat Gummibärchen gefuttert,
  müde Scherze gerissen und anschließend selbst
  am lautesten darüber gelacht.

– Und der Chef der Deutschen Bundesbahn hat
  schon beim Käsekästchenspielen nur rote Zahlen
  geschrieben.

Also, was auch immer du tust, denk an die Folgen.

- Schau dir nicht einfach nur ein Video an, sondern mach dir Notizen und laß anschließend ein paar interessante Bemerkungen fallen – du könntest Kritiker werden.

- Spiel nicht einfach nur Fußball, sondern gib allen anderen Spielern lautstarke Anweisungen – du könntest Bundestrainer werden.

- Und wenn es schon Hackfleischklößchen gibt, solltest du an deinem Aufschlag arbeiten und versuchen, so viele Asse wie möglich zu schlagen.

Wie auch immer, in deiner Freizeit wirst du wahrscheinlich die wenigsten Probleme bekommen. Aber auch diesen Teil deines Lebens kannst du mit unserer Hilfe ein bißchen aufpeppen, so daß aus

„gar nicht so ungeil"

schließlich

„super-ober-affen-geil"

wird.

VIDEO

Wenn du dir in Ruhe ein gutes Video ansehen willst und aus berechtigten Gründen kein Interesse daran hast, daß der Rest der Familie weiß, worum es dabei geht, brauchst du nur die Etiketten auf dieser und der nächsten Seite auszuschneiden und auf Kassette und Schachtel zu kleben. Etikett A kommt auf die Oberseite der Kassette, Etikett B auf den Rücken und Etikett C auf die Kassettenschachtel.

ETIKETT A:

HIER SCHNEIDEN

Johannes Gutenberg und die Erfindung des Buchdrucks

120 Minuten

Voller langatmiger technischer Erklärungen und nicht im geringsten witzig.

ETIKETT B:

✂ **HIER SCHNEIDEN**

NUR FÜR KINDER GEEIGNET!

ETIKETT C:

✂ HIER SCHNEIDEN

Johannes Gutenberg und die Erfindung des Buchdrucks

Wahrheit und Legende

Ein Film für besonders eifrige Schüler, die auch in ihrer Freizeit nicht auf trockenen Lehrstoff verzichten wollen.

111

✂ **HIER SCHNEIDEN**

B

✂ **HIER SCHNEIDEN**

JANE VON DAS
UMWELT-FITNESS-KAPSELN

Jane von Da empfiehlt: „Meine Umwelt-Fitneß-Kapseln fördern nicht nur die Gesundheit, sondern auch die Bereitschaft, im Garten und im Haushalt zu helfen. Man muß nur regelmäßig möglichst viel davon essen."

„Diese Umwelt-Fitneß-Kapseln sind so gesund, daß ich für jede verzehrte Tüte 5 Pfennige für die Umwelt stiften werde."

Gezeichnet

Generalsekretär der Vereinten Nationen

A

Falls du den Verzehr von Süßigkeiten zu Hause verheimlichen mußt, bastele dir einfach diese praktische Tüte.

Falte das Papier so, daß die Beschriftung nach außen zeigt, dann klebe A auf D und B auf C – fertig!

- -

C

✂ **HIER SCHNEIDEN**

Haltbar bis: 7.3.2070

Inhaltsstoffe: Rosenkohl, Kartoffelschalen, Spinat, gefriergetrockneter Haferbrei, Eisen und jede Menge Kalzium!

„Ohne Jane von Das Umwelt-Fitneß-Kapseln wäre ich in Hollywood nie so groß rausgekommen und hätte auch nie in den Terminator-Filmen mitspielen dürfen."

A. Warzenegger

9 783401 003122

00890

Der Bundesgesundheitsminister informiert: Der Verzehr dieses Produkts fördert Ihre Gesundheit.

D

113

3 TOTAL TOTE DOSE

Falls außer Milch, Kakao und Kamillentee bei dir zu Hause alle Getränke rationiert werden, kannst du das folgende Etikett auf die nächste Dose kleben.

 **HIER SCHNEIDEN**

Gesundheits-trunk!

☞ Ohne Zucker
☞ Gut für die Zähne
☞ Von führenden Zahnärzten empfohlen
☞ Garantiert scheußlicher Geschmack
☞ Neutral bei der Doping-Kontrolle
   (Spitzensportler trinken vier bis fünf
   Dosen pro Tag)

Inhaltsstoffe: Lebertran, Spinatextrakt, Malz, Vitamin B 1–999, unpolierte Reishülsen, Vollkornmehl, Magermilch, Rote-Bete-Saft

BELOHNUNG

Wenn du deine Eltern dazu bringen willst, dir etwas besonders Gutes zu tun, schneide die unten abgebildete Postkarte aus und wirf sie in euren Briefkasten.

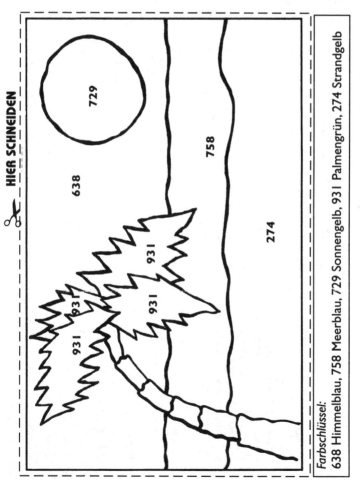

HIER SCHNEIDEN

Farbschlüssel:
638 Himmelblau, 758 Meerblau, 729 Sonnengelb, 931 Palmengrün, 274 Strandgelb

115

Die Rückseite

Trage hier deinen Namen und deine Adresse ein.

✂ HIER SCHNEIDEN

Liebe/r _____,

tut mir echt leid, daß Du nicht mit-kommen konntest. Aber Du hast ja darauf bestanden, zu Hause zu bleiben und Deine Haushaltspflichten zu erledigen. Viele Grüße, Julia

Ich hoffe, Deine Eltern laden Dich wenigstens mal ins Kino ein oder so. Dein Basti

Angesichts Deines stets vorbildlichen Betragens ist es besonders schade, daß Du uns nicht auf die Klassen-fahrt begleiten konntest. Aber Deine Eltern können stolz auf Dich sein.

Deine Juliane J. (Klassenlehrerin)

GELD VERDIENEN

1. Entferne frühmorgens die Vergaserkupplungsschnallen (VKS) aus allen Vergaserkupplungsschnallenhalterungen (VKSH) der Autos in deiner Nachbarschaft (siehe Zeichnung auf S. 19).

2. Etwa gegen vier Uhr nachmittags werden die meisten entdeckt haben, daß ihre Autos nicht mehr funktionieren, aber viele werden noch nicht dazu gekommen sein, in der Werkstatt anzurufen.

3. Gehe nacheinander zu allen Nachbarn und biete ihnen an, sich ihr Auto anzusehen. Du kannst sagen, du würdest ihnen nichts berechnen, wenn du es nicht wieder zum Laufen bringst.

4. Streife die Vergaserkupplungsschnallen (VKS) wieder über die Vergaserkupplungsschnallenhalterungen (VKSH).

5. 20 Mark sind ein angemessener Preis.

6 KREATIVE FREIZEITGESTALTUNG

Du willst zu einem Sportereignis, in einen bestimmten Film oder zu einer Party gehen?

1. Schneide die abgebildeten Karten aus und laß sie demonstrativ im Wohnzimmer herumliegen.
2. Wenn dich jemand auf die Karten anspricht, erklärst du, du hättest dir überlegt, ein paar neue Hobbys zu entwickeln, aber wenn du woanders hingehen würdest, zum Beispiel zu einem Sportereignis, in einen bestimmten Film oder zu einer Party, hättest du dafür keine Zeit.

HIER SCHNEIDEN

BÄNG~BA~BONG
Schlagzeuge und Percussion-Instrumente

Unsere Spezialität:
Große chinesische Gongs

Bahnhofstr. 17
gegenüber dem Einkaufszentrum

HIER SCHNEIDEN

DUDELSÄCKE
(mit Verstärker)
Auch leihweise gegen geringe Gebühr

Am Markt 3
Telefon 61 88 76

 HIER SCHNEIDEN

Club der
Möbelzertrümmerer

**BEGEISTERN AUCH SIE SICH FÜR DIESEN NEUEN SPORT!
MEISTERN SIE SCHON NACH WENIGEN EINFÜHRUNGSSTUNDEN
DIE VÖLLIGE ZERSTÖRUNG VON TISCHEN, STÜHLEN UND
WERTVOLLEN POLSTERMÖBELN.
ÄUSSERER RING 236, TELEFON 71 34 56**

RUFEN SIE HEUTE NOCH AN!

KÜSSEN VERBOTEN

Verwandte haben eine lästige Eigenschaft: Bei jeder Gelegenheit wollen sie dich abknutschen, und das am liebsten in aller Öffentlichkeit. Das folgende ärztliche Attest, bei Bedarf rechtzeitig eingesetzt, schützt dich vor derartigen Übergriffen.

HIER SCHNEIDEN ✂

Nach umfangreichen Untersuchungen bin ich zu der Ansicht gelangt – und diese Ansicht stützt sich auf ein jahrelanges Studium an den besten medizinischen Hochschulen der Welt sowie nächtelanges Durchwälzen tierisch dicker Lehrbücher und Fallbeschreibungen –, daß dieses Kind, obgleich es eigentlich ganz normal aussieht, unter einer ziemlich seltenen Hauterkrankung leidet.

Deshalb muß ich Ihnen dringend raten, einen gebührenden Abstand zu halten (besonders wenn Sie blutsverwandt sind) und es vor allem nicht zu küssen, weil dies nicht nur für Ihre Gesundheit, sondern auch für die Gesundheit des Kindes katastrophale Folgen haben könnte.

Hochachtungsvoll

Dr.

PS: Echt wahr, Leute!

Teil 8

Lästige Haushaltspflichten

HAUSHALTS-PFLICHTEN

Um das Phänomen lästiger Haushaltspflichten und deren Erledigung wissenschaftlich erforschen zu können, entschlossen wir uns zu verdeckten Ermittlungen. Anfangs wußten wir allerdings nicht, wohin wir uns wenden sollten. Doch dann zeigten wir, daß wir bereit waren, für einschlägige Informationen gutes Geld zu zahlen, indem wir T-Shirts mit dem Aufdruck trugen:

„WIR SIND BEREIT, FÜR EINSCHLÄGIGE INFORMATIONEN GUTES GELD ZU BEZAHLEN."

Sogleich schlossen wir im Linienbus Bekanntschaft mit unserer ersten Kontaktperson, die sich uns mit dem Decknamen „Heinz Henkelmann" vorstellte. Heinz gab uns seine Adresse und sagte, wir sollten uns am nächsten Tag bei ihm zu Hause einfinden. Seine Identität blieb im dunkeln. Wir wußten nicht, wo er herkam, wo er hinwollte, ob er einen Einzelfahrschein gelöst hatte oder eine Monatskarte besaß. Aber er versprach, eine Menge sogenannter Haushaltspflichten für uns aufzutreiben und keine weiteren Fragen zu stellen. Wir übergaben ihm

100.000 DM

in einem braunen Briefumschlag, und er stellte uns eine Person vor, die er „seine Frau" nannte. Wir lern-

ten sie unter dem Namen „Emma Henkelmann"
kennen.

18 (in Worten: achtzehn) Monate lang fanden wir
uns Tag für Tag in der konspirativen Wohnung ein,
spülten Geschirr, saugten Staub, wischten Böden
und räumten Kinderzimmer auf.

Erst dann erkannten wir, daß das Ganze ein riesen-
großer Schwindel war. Ziemlich frustriert warfen
wir das Putztuch und hatten unsere liebe Mühe,
dem Arena Verlag zu erklären, wo das viele Geld
geblieben war. Durch vage Hinweise und neblige
Halbwahrheiten hatten wir nämlich den Eindruck
erweckt, es gewinnbringend angelegt zu haben.

Eines haben uns diese Erfahrungen aber auf jeden
Fall gelehrt:

Haushaltspflichten sind schlicht und einfach ätzend, und man sollte alles versuchen, um sie zu umgehen.

Und so wird's gemacht ...

ABWASCH NR. 1

Wenn deine Eltern allen Ernstes von dir verlangen, daß du zu Hause den Abwasch machst, füll den unten abgedruckten Brief aus und überreiche ihn feierlich.

✂ **HIER SCHNEIDEN**

Offizielles Schulbriefpapier
Nur für wichtige Briefe verwenden

Liebe/r _____,

Ihr Kind ist zur Zeit für die Wurmzucht unserer Schule verantwortlich. Es macht seine Sache sehr gut. Wir hatten selten so viele und so quicklebendige Würmer. Für unsere Schule, die Chancen hat, in die Bundeswurmliga aufzusteigen, ist es sehr wichtig, daß diese erfolgreiche Arbeit auch in Zukunft fortgesetzt wird.
Nur eines wurmt uns: Seife und Reinigungsmittel aller Art wirken schon in den kleinsten Mengen bei den empfindlichen Tierchen reizauslösend.
Wir möchten Sie daher bitten, Ihr Kind in nächster Zeit nicht mit Seife oder Reinigungsmitteln UND AUF GAR KEINEN FALL MIT SPÜLMITTELN in Kontakt kommen zu lassen.

Mit besten Grüßen

PS: Der Einsatz von Haushaltshandschuhen würde auch nichts nützen. Sie glauben gar nicht, was für feine Nasen diese Würmer haben!

ABWASCH NR. 2

Die heutige Hausaufgabe besteht darin, eines deiner Familienmitglieder bei den folgenden Tätigkeiten zu zeichnen. Benutze für deine Zeichnungen die vorgesehenen Kästchen.

1 Tisch decken

2 Tisch abräumen

3 Spülen

4 Abtrocknen

HIER SCHNEIDEN

3 AUTO WASCHEN NR. 1

Besteht die Gefahr, daß du das Auto waschen sollst, schneide den unten abgedruckten Zettel aus und stecke ihn unter den Scheibenwischer.

HIER SCHNEIDEN

HIER SPRICHT DIE POLIZEI

Mitteilung nach § 354, Absatz 528, Polizeigesetz

Dieses Auto befand sich am Tatort eines schweren Verbrechens. Die Polizei braucht es noch, um es nach Fingerabdrücken, Stoffpartikeln und Blutspuren abzusuchen.

Sie werden hiermit darauf hingewiesen, daß Sie dieses Auto unter gar keinen Umständen waschen oder neu lackieren dürfen, ehe Sie nicht eine anderslautende Mitteilung nach § 354, Absatz 529, Polizeigesetz erhalten haben.

AUTO WASCHEN NR. 2

Befestige diesen Zettel an der Windschutzscheibe eures Autos.

HERZLICHEN GLUECKWUNSCH

✂ **HIER SCHNEIDEN**

Wer sein Auto so dreckig werden läßt wie Sie, hat viel Wasser gespart und auf den Einsatz von Reinigungsmitteln verzichtet. Ihr Auto wurde daher in die Bewerbungsliste für „Das umweltfreundliche Auto" aufgenommen. Die Jury wird Ihr Auto in einigen Wochen nochmals in Augenschein nehmen und dann über die endgültige Preisvergabe entscheiden. Wenn es so richtig schön dreckig bleibt, können Sie bis zu 1000 DM gewinnen.

DIE GRELLGRÜNEN

Für eine schmutzige Umwelt

AUTO WASCHEN NR. 3

Auch diesen Zettel kannst du an der Windschutzscheibe eures Autos befestigen.

Liebe/r Autobesitzer/in,

Ihr Auto wurde heute aus Versehen bei den Dreharbeiten für eine neue Staffel unserer Serie **Ein Schloß am Wörthersee** in Großaufnahme gefilmt.

Da wir Ihr Auto möglicherweise in einer anderen Szene sogar noch größer herausbringen wollen, möchten wir Sie herzlich bitten, es auf gar keinen Fall zu waschen, da wir stets größten Wert auf die Stimmigkeit unserer Bilder legen. Wir haben einfach keine Lust, waschkörbeweise Zuschauerpost zu bekommen, in der uns unter die Nase gerieben wird, welche Fehler uns nun schon wieder unterlaufen sind.

Sollten wir Ihr Auto noch einmal für den Film verwenden, bekommen Sie selbstverständlich eine Menge Knete.

Mit freundlichen Grüßen

Aufnahmeleitung

UNKRAUT JÄTEN

1. Schneide die Etiketten mit den Pflanzennamen aus und befestige sie an kleinen Holzpflöcken.
2. Steck die Pflöcke in allen Bereichen des Gartens, in denen Unkraut wächst, in den Boden.
3. Erkläre deinen Eltern, du hättest alle Pflanzen im Garten bestimmt, und es gäbe gar kein Unkraut zu jäten.

Selteni Blumeni

Bittelium hierlassumanum

Nichta Herauszieha

Überhauptus Keinunkrautulus

Keinis Gartenarbeitnötigis

Selteni Blumeni

Bittelium hierlassumanum

Nichta Herauszieha

Überhauptus Keinunkrautulus

Keinis Gartenarbeitnötigis

HIER SCHNEIDEN

7 EINKAUFEN

Es spricht für den krankhaften Perfektionismus vieler Erwachsener, daß sie wie selbstverständlich davon ausgehen, daß du vom Einkaufen auch alles mitbringst, was auf dem Einkaufszettel gestanden hat. Zum Glück gibt es eine Reihe bewährter Ausreden, mit denen du gegen diese ungesunde Lebenseinstellung vorgehen kannst.

1. Ich dachte, es wäre eine gute Idee, das Rezept mal ohne diese Zutat auszuprobieren.

2. Das Produkt wurde nach einer Warnung des Bundesgesundheitsministeriums vom Markt genommen.

3. Es war nur noch eines übrig, da habe ich dem armen alten Mann, der ganz alleine unten am Ende der Straße wohnt, den Vortritt gelassen.

4. Ich habe gerade noch rechtzeitig festgestellt, daß es eine umweltschädliche Verpackung hat.

5. Ich mußte plötzlich an das norwegische Sprichwort denken: „Haaden ner fjørden."

SCHUHE PUTZEN NR. 1

Schneide das unten abgebildete Etikett aus und klebe es auf die Schuhcremedose. Wenn deine Eltern fragen, warum du deine Schuhe nicht geputzt hast, zeig ihnen die Dose.

HIER SCHNEIDEN

Neu! Super! Umweltfreundlich! Neu! Super! Umweltfreundlich!

Poli= Poliercreme

Diese Creme wird das Aussehen Ihrer Schuhe zwar in keiner Weise verändern. Sie ist aber wirksamer als jede andere Schuhcreme und kann das Leben Ihrer Schuhe um bis zu 37 Jahre verlängern. Eine neue Ära des Schuheputzens hat begonnen! Garantiert unsichtbarer Schutz für Ihre Schuhe!

SCHUHE PUTZEN NR. 2

Auch das folgende Etikett kannst du auf eure Schuhcremedose kleben. Zeige deinen Eltern voller Stolz, wie klug es von dir war, die Schuhe, die sie dir von ihrem schwerverdienten Geld gekauft haben, nicht zu ruinieren.

HIER SCHNEIDEN

DIE
SUPER DUPER
SCHUHCREME

POLISCHUH

Der einfache Weg zu tollem Glanz!
Vorsicht: Auf keinen Fall nach
dem 1. Januar 1995 benutzen.
Dies würde alle bekannten
Schuharten für immer
ruinieren.

Teil 9

Schlafenszeit

SCHLAFENSZEIT

Viele Eltern versuchen, ihre Kinder zu einer lächerlich frühen Zeit ins Bett zu schicken. Diesem Trend gilt es, wirksame Mittel entgegenzusetzen, denn es könnte ja sein, daß eine gute Sendung im Fernsehen kommt oder du gerade noch ein spannendes Buch zu Ende lesen willst.

In unserem ständigen Bemühen, die Schlafenszeit für Minderjährige weiter hinauszuschieben, haben wir kürzlich auf eine große Anfrage im Bundestag eine sehr interessante Zukunftsprognose der Bundesregierung erhalten.

(Als Zugabe bekamen wir noch ein paar heiße Tips über interne Streitigkeiten im Regierungslager, die wir gern gewinnbringend an die Presse weitergeben würden. Falls Interesse besteht, setzen Sie sich bitte mit unserem Agenten in Verbindung.)

Zurück zur Regierungsprognose. Demnach wird es bei deinen Schlafenszeiten in Zukunft geradezu revolutionäre Veränderungen geben. Ja, in 30 Jahren dürfen Menschen wie du

● **so lange aufbleiben, wie sie wollen,**

● **Auto fahren,**

● **ohne Rücksicht auf die Altersbeschränkung jeden Film anschauen**

● **und brauchen überhaupt nicht mehr zur Schule zu gehen.**

Kunststück – in 30 Jahren werden Menschen wie du schon über vierzig sein.

Außerdem heißt es in dem Bericht, daß die Menschen in Zukunft sehr viel größer sein und Stoßdämpfer an den Füßen tragen werden, obwohl uns nicht ganz verständlich geworden ist, was das mit den Schlafenszeiten zu tun haben soll.

Aber selbst wenn du nichts Besonderes vorhast, ist es doch eine riesengroße Verschwendung, soviel Zeit mit Schlafen zu verbringen.

Selbst Thomas Flottschalk hat bei nur sechs Stunden Schlaf pro Nacht eine Traumkarriere gemacht. Allerdings schläft er während des Tages durchschnittlich zehn Stunden und hält morgens nach der ersten Tüte Gummibärchen noch ein kleines Nickerchen. Ehrlich gesagt ist er eine ziemliche Schlafmütze.

Wie auch immer, es liegt auf der Hand, daß du gute Gründe dafür hast, abends länger aufzubleiben.

Wie du das bewerkstelligen kannst?

Hier sind ein paar Ideen ...

WISSENSCHAFTLICH BEWIESEN

Schneide den Artikel aus und zeige ihn deinen Eltern.

✂ **HIER SCHNEIDEN**

Zuviel Schlaf schlecht für Kinder

Ein wissenschaftliches Team der Universität Castrop-Rauxel kam nach langjährigen Forschungsarbeiten zu dem überraschenden Schluß, daß zuviel Schlaf schlecht für Kinder ist. „Wir empfehlen allen Eltern, ihren Kindern häufiger zu erlauben, lange aufzubleiben", sagte eine Sprecherin der Universität in einer aktuellen Stellungnahme. „Vor allem, wenn es etwas Gutes im Fernsehen gibt."

Die Leiterin des Forschungsteams stimmte zu: „Früh ins Bett zu gehen ist für das kindliche Wachstum äußerst schädlich."

2 WICHTIGE HAUSAUFGABEN

Schneide den folgenden Brief aus und gib ihn deinen Eltern, nachdem du das Datum des Tages, an dem du spät aufbleiben willst, eingetragen hast.

Liebe Eltern,

diese Woche, und zwar am _____ (das Datum wird eingetragen, sobald wir von der Nachrichtenagentur nähere Informationen erhalten haben), wird ein wenig bekannter Komet die Umlaufbahn unserer Erde kreuzen. Dieses astrologische Phänomen wird erst in 2753 Jahren wieder zu beobachten sein, und da der fragliche Komet vom Direktor unserer Schule entdeckt wurde und seinen Namen trägt, bitten wir alle Eltern, ihren Kindern zu erlauben, an diesem Tag länger aufzubleiben als sonst. Der Komet soll in unserer Gegend zwischen ___ und ___ Uhr zu sehen sein.
Für Ihr Entgegenkommen sind wir Ihnen sehr dankbar.
Mit pädagogisch wertvollen Grüßen

Schulleitung

PS: Lassen Sie Ihr Kind bis zum Erscheinen des Kometen fernsehen oder irgend etwas anderes machen, worauf es gerade Lust hat, damit es dieses einmalige Ereignis ganz entspannt und gutgelaunt genießen kann.

3

FERNSEHEN

Natürlich ist wenig gewonnen, wenn du zwar länger aufbleiben darfst, dir aber ein paar langweilige Dokumentarfilme oder *Ein Schloß am Wörthersee* anschauen mußt. Um sicherzugehen, daß du das Programm deiner Wahl zu sehen bekommst, kannst du die folgenden Tricks anwenden.

a) Viele Länder, ein Sender

Schneide das unten abgedruckte Schreiben aus, trage den Sender und die Uhrzeit ein, zu der du etwas Bestimmtes sehen willst, gib es deinen Eltern und erkläre ihnen, du hättest den Zettel im Briefkasten gefunden.

HIER SCHNEIDEN ✂

Vereinigung privater und öffentlicher Rundfunkanstalten Deutschlands

Liebe Zuschauerinnen und Zuschauer,
heute abend müssen an dem für Ihr Sendegebiet zuständigen Sendeturm wichtige Instandsetzungsarbeiten durchgeführt werden. Daher kann Ihr Fernsehgerät in der Zeit von ___ bis ___ Uhr nur einen Sender, und zwar _____, empfangen.
Bitte, spielen Sie in dieser Zeit nicht mit der Fernbedienung und versuchen Sie auf keinen Fall, den Sender zu wechseln, da sonst Ihr Fernsehgerät explodieren könnte.
Wir entschuldigen uns vielmals für alle entstehenden Unannehmlichkeiten. Aber zumindest gibt es einen Sender, den Sie anschauen können, und zweifellos läuft in der angegebenen Zeit auch dort ein tolles Programm.

Mit freundlichen Grüßen

(Chefingenieur)

---

b) Schlafwandler

1. Erzähle deinen Eltern etwa eine Woche im voraus, ihr hättet in der Schule gelernt, daß man Schlafwandler auf keinen Fall wecken dürfe.

2. Kurz bevor die Sendung kommt, die du sehen willst, tu so, als würdest du schlafwandeln. Gehe zum Fernseher, stell ihn an und setz dich davor, stell dich aber die ganze Zeit über schlafend.

3. Wenn dich deine Eltern am nächsten Morgen nach dem Vorfall fragen, tu so, als könntest du dich an nichts erinnern.

c) Nützliche Hausaufgaben

Schneide das Gedicht mit Benotung und Aufgaben-
stellung aus und zeige es deinen Eltern.

✂ **HIER SCHNEIDEN**

Sommer
Gleißend wie eine umgedrehte
                        Butterdose
Steht die Sommersonne am
                        tiefblauen Himmel
Läßt ihre Strahlen mit reifem Weizen
                        und Hafer verschmelzen
Steht im Süden wie eine strahlende
                        Pagode des Lebens

9 von 10 Punkten

Sehr gut!

Vergleiche diese Interpretation des
        Sommers mit dem heutigen
        Spätfilm im Fernsehen!

Notfall-aggregat

Um das Überleben unserer Leserinnen und Leser zu sichern, haben wir in dieses Buch ein TÜV-geprüftes Notfallaggregat eingebaut:

Den Tarnumschlag!

Wenn du in diesem Buch lesen willst, ohne daß deine Eltern oder Lehrer etwas davon erfahren, schneide einfach den Tarnumschlag auf der nächsten Seite aus und klebe ihn verkehrt herum auf die Rückseite dieses Buches. Im Notfall kannst du es dann einfach umdrehen und mit der Rückseite nach oben den Erwachsenen zeigen.

Funktioniert
(fast) immer!

Johannes Gutenberg und die Erfindung des Buchdrucks

Knochentrockener historischer Bericht über eine epochemachende Erfindung. Stinklangweilig und ohne eine einzige witzige Stelle.

„Ich hoffe, alle Kinder werden dieses Buch lesen. Es wird sie nicht nur klüger, sondern auch braver und folgsamer machen."
Prof. Dr. Rita Süßmund

„Ran an die Gummibärchen, Jungs und Mädels, dieses Buch müßt ihr euch dringend unter den Nagel reißen, und zwar dalli."
Thomas Flottschalk

„Wenn wir unsere Schülerinnen und Schüler im Unterricht bei der Lektüre dieses fantastischen Buches erwischen würden, wären wir nicht im geringsten böse."
Vereinigung der Direktoren deutscher Elitegymnasien

„Ein pädagogisch wertvolles Buch."
Gewerkschaft Verziehung und Wissenskraft

Schneide
Seite 142 aus

Anweisungen auf Seite 141

Johannes Gutenberg und die Erfindung des Buchdrucks

Knochentrockener historischer Bericht über eine epochemachende Erfindung. Stinklangweilig und ohne eine einzige witzige Stelle.

Dieses wichtige Buch sollte niemals bloß durchgeblättert, sondern stets sorgfältig durchgelesen werden. Bei einfachem Durchblättern besteht die Gefahr geistiger Verwirrung und unberechenbarer Reaktionen.

Nur Personen, die das Buch rechtmäßig erworben haben oder höchstens 18 Jahre alt sind, ist das Umdrehen des Buches gestattet.